相手のすべてが
見透かせる
支配できる

ヤバすぎる心理術

神岡真司

はじめに

「ヤバすぎる」心理コンテンツを厳選し、実践的ツールにまとめました！

「心理学」は、人間の心のありか――を丸裸にする強力なツールといえます。自分でも気づかなかった本当の心、相手も気づいていない深層心理をえぐり出します。それだけでも「ヤバい」し、「ヤバすぎる」コンテンツです。

本書ではさらに、本能ベースの心理作用を掘り下げ、今まで見落とされがちだった日常生活の何気ないシーンにおいても、気軽に使える「武器」としての心理テクニックにこだわりました。

「ヤバすぎる」とタイトルで謳《うた》うゆえんです。

心理学で「これだけは絶対知っておきたい」という必須の知識はもちろん、これを使えば、人生の「ここぞ」の場面で大逆転が図れるツールをも加えています。「最強の心理テクニック集」として、学生、主婦、ビジネスマン、経営者など各層の方々に、十分ご納得いただける内容と自負する次第です。

どんな場面で、どこから、誰に攻められても、本書のツールを使えば上手に立ち回れるはずです。自信をもって人生の勝利者を目指していただきたいと願うのです。

本書は、どこからお読みいただいてもかまいません。

興味のあるところから、今すぐお読みになることをおすすめいたします。

神岡真司

ヤバすぎる心理術　目次

chapter 1

365日思い通りの結果に誘導する

contents

chapter 2

人の心を見抜く・操る

chapter 3 男と女の心理

contents

chapter 4
ピンチがチャンスに変わる心理術

contents

chapter 1

365日
思い通りの結果に誘導する

01

話す順番で印象は変わる

～語順でできる印象操作～

2つだけの情報の場合、あとに言う言葉が印象に残る

A：山田くんは、いい奴だけど、ケチなんだ――。
B：山田くんは、ケチだけど、いい奴なんだ――。

山田くんへの評価では、Bの言い方のほうが好印象になります。

A：20ヶ国もの海外放浪の旅をしていたので、学業成績は悪いです。
B：学業成績は悪いですが、20ヶ国もの海外放浪の旅をしていました。

就職の面接では、Bの言い方のほうが好印象になります。

物事のプラスとマイナスの両面提示をして、相手への説得を試みる時には、**マイナス面を先に、記憶に残したいプラス面をあとに言うとよい印象になります**。

A：機能は充実していますが、価格は高いですよ。

B：価格は高いですが、機能は充実していますよ。

セールスの場面でも、Bの言い方がプラスの印象を強め、説得力が増します。

A：今夜は遅くなったけど、泊まっていく？　それとも帰る？

B：今夜は遅くなったけど、帰る？　それとも泊まっていく？

これも、Bの言い方をするほうが、「お泊まり」へと誘導しやすいでしょう。

どちらかを選ばせる場合も、あとに置いた言葉が記憶に強く影響するからです。

心理学でいう「系列位置」における「親近化効果」と呼ばれる現象です。

複数の情報では、最初に言った言葉が印象に残る

情報が2つだけの場合でなく、ある女性についての次のような複数の評価が、ずらり並べられた場合は、どうなるのでしょうか。

A：美人・おしゃれ・真面目・頑固・批判的・嫉妬深い。

B：嫉妬深い・批判的・頑固・真面目・おしゃれ・美人。

この場合は、Aが好印象、Bが悪印象に映る傾向が強いでしょう。**最初のほうの情報が記憶に残りやすく、その言葉の影響を受ける**からです。

この現象は、「系列位置」における「初頭効果」と呼ばれます。

大量の情報では、「初頭効果」＋「親近化効果」

ところで、この「初頭効果」は、人と人との対面時にもはたらきます。

“情報”の系列位置で印象が変わる！

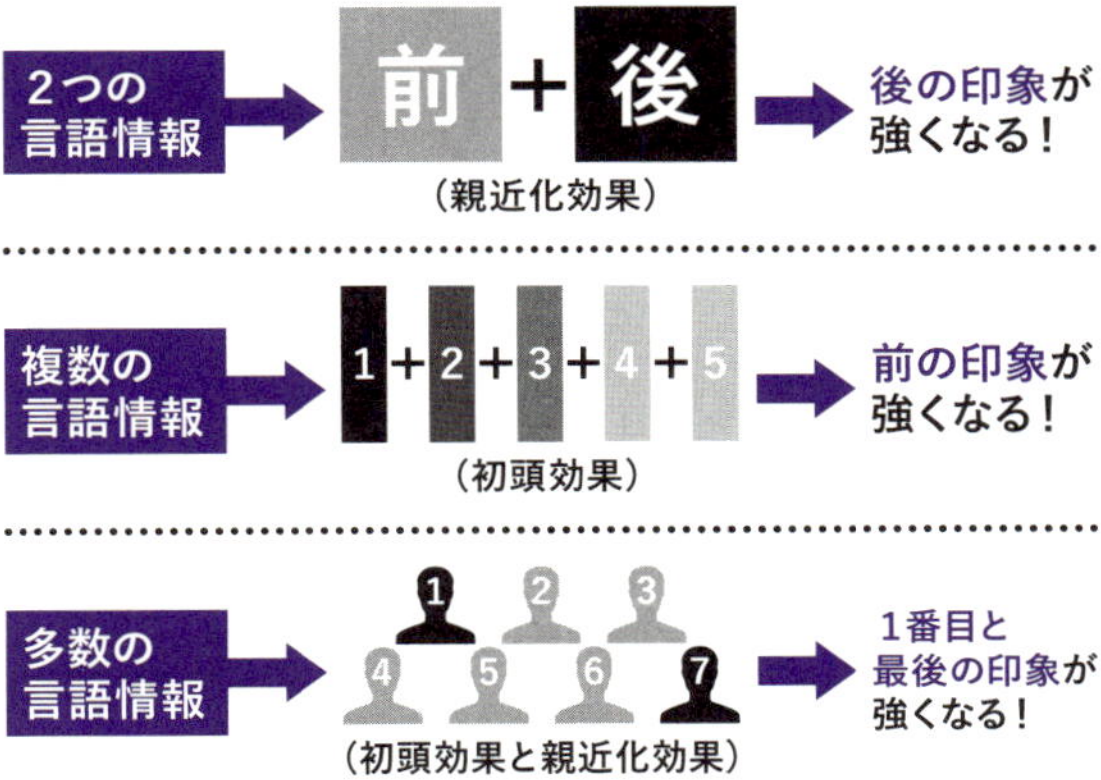

初対面で、相手のイメージが大方固まってしまうのも、「初頭効果」だからです。最初の第一印象がよいと、その後の交渉もスムーズです。悪印象だとあとあと手こずります。対人関係のコンタクトでも、最初の印象が強力にはたらくのです。

なお、情報量がさらに多くなった場合、一番最初と一番最後の印象が記憶に強く残ります。**情報量の多い自己紹介時は、一番目と最後の人が印象に残る**のです。

大量の情報だと、「親近化効果」と「初頭効果」の両方が作用するからです。

02

相手と自分の印象を上手に操る

～潜在意識が信じてしまうキーワードを使う～

事前情報で印象は操作できる

初めて物事に接する時、人の物事への印象は、本来白紙で中立の状態です。

ところが、誰かから、「あの店はサービスが悪いから、行かないほうがいいよ」などと言われると、その店には行きたくなくなります。

あるいは、Aさんと初めて会う際、Aさんをよく知る人から「Aさんは上品で人柄もすごくいい人だよ」などと聞かされると、Aさんと会う前から期待値が膨らみ、Aさんと会う時には警戒心も緩み、Aさんの話をスムーズに受け入れるようにさえなっているでしょう。人は単純に、他人の話を真に受けるからです。

手抜き仕事でも好評価を受けられる

上司からレポート作成を頼まれた際、「今忙しいんですが、提出期限はいつですか?」などと消極的に受け止め、提出する時にも、「一応まとめときました」などと投げやりに伝えたのでは、上司からも早々に見限られるでしょう。

上司からレポートを依頼されたら、「どの辺に重点を置いて調べますか?」などと具体的内容に迫る質問をして、意気込みを感じさせるべきでしょう。

そしてレポートを提出する際にも、「最新のデータを使ってまとめています」などと具体的工夫にも言及しておきます。これだけで上司のレポートを読む時の印象は違うからです。**あえて先入観を植えつけておくことが大事**なのです。

こうすれば、たとえ手抜き仕事でも、上司の受け止め方は上々になるからです。

印象操作で脳は簡単に騙される

これは、「プライミング効果」を使った印象操作の例です。

「呼び水効果」「起爆剤効果」とも呼ばれる現象で、先に見聞きしたことが、あとの判断・思考・評価などにことごとく影響することを指しています。

上司にレポートの出来栄えを「なるほど頑張ってくれたな」と肯定的に思わせるか、「なんだか粗っぽいレポートだな」と否定的に思わせるかは、こんなさりげない一言にかかっているわけです。

大手タクシー会社での実例

ある大手タクシー会社では、乗務前に「安全運転の標語」を毎日唱和したものの事故率が下がりませんでした。しかし、**週一回、交通事故の悲惨な映像を見せ**

プライミング効果を上手に利用する！

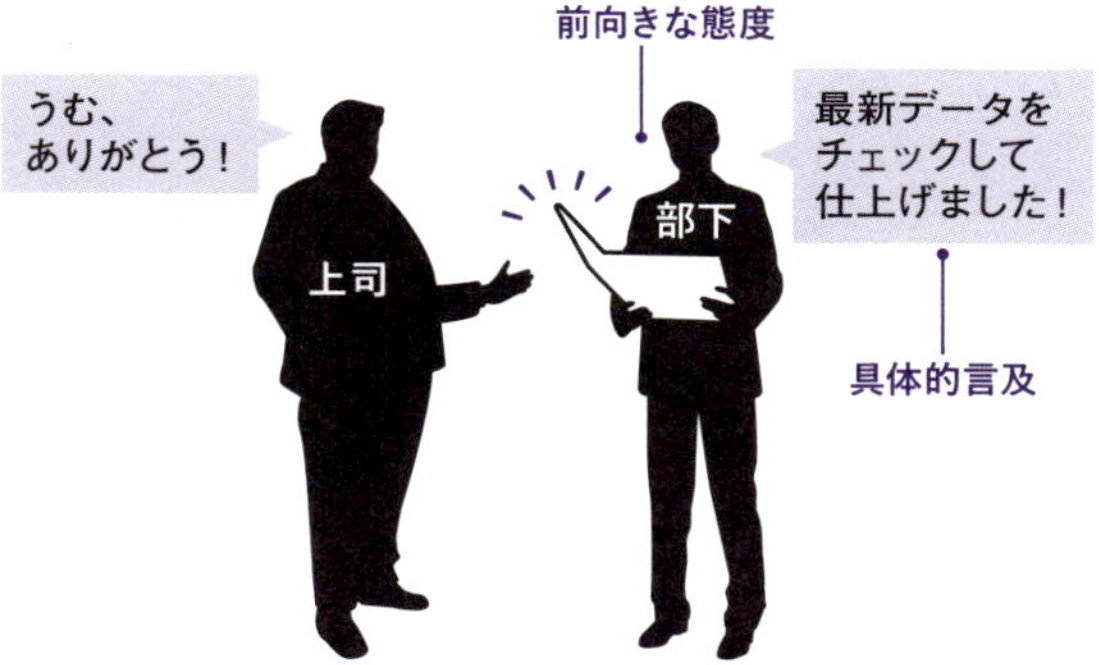

“事前情報”の操作次第で、レポートも好印象の作品に

るようにしたら事故率が激減したのです。

プライミング効果は侮れないでしょう。

デートのお金がなく、仕方なく彼女を汚いラーメン屋に案内する時でも、「汚い店だけど、ネットのツウの書き込みでは、味のランキングでベスト3に入っている店なんだ」などと吹き込んでおけば、彼女の反応も上々になるでしょう。

電話でアポ取りし、相手と面談の約束を取り付けた時にも、**「お目にかかる際には他の有益情報もお持ちします」**と一言付け加えておくと面談もうまくいきます。

03

企画・提案を通すテクニック

～却下するという選択肢を相手から消す～

「企画」「提案」をスムーズに通すには

自分イチオシの企画は、何としても通したいと思うものです。

しかし、自分がどんなによいと思った企画や提案でも、上司がＯＫしてくれないと絵に描いたモチにすぎません。

あるいは会議の場で、参加者の多くから企画や提案への賛同が得られなければ採用にはつながりません。

こんな時、あなたが勝負したい企画や提案を通すには、どうすればよいのか。

相手の「マインドセット」を組み替えてしまうことが大切です。

上司は「この企画を通すべきか否か」のマインドです。

会議の参加者も「この提案に賛成すべきか否か」のマインドです。

これでは、「採用・不採用」——の「二者択一マインド」にすぎません。

「二者択一」から「複数選択」に変えるだけ

こんな時には、本命で通したい企画の他に、ダミーの企画を作ればよいのです。

2つでも、3つでも、内容を変えた企画を作りましょう。

これで、**「採用・不採用」の「二者択一マインド」から、いつの間にか複数の企画の中から「どれが一番よいか」を探す「選択のマインド」に変わる**からです。

つまり、比較検討するうちに、「却下する」という選択肢が消えてしまうのです。

これで企画や提案が通る確率は、ぐーんとアップするわけです。

決められない人には「AとBどちらが好き？」

前述のとおり、人には無意識のうちに一定方向のマインドが形成されます。

ところで、「決められない」マインドの人もいます。自分が決めたということが重荷に思えてイヤな人なのです。こんな人には、**「AとBでは、どちらが好き？」と尋ねましょう。すると、他の選択肢が消えて、AかBかを選ぶ**はずです。

「Aのほうが好き」と答えたら、「それはなぜ？」とさらに尋ねます。

すると心の中で自問自答してくれ、マインドはA方向にさらに強化されます。

選択肢が二択しかないのは誤った前提ゆえに、「誤前提暗示」と呼ぶ方法です。

二者択一式の質問でデートに誘う

自分とデートする前提がなかった女の子へも、気軽に誘いをかけられます。

人のマインドは簡単に変えられる

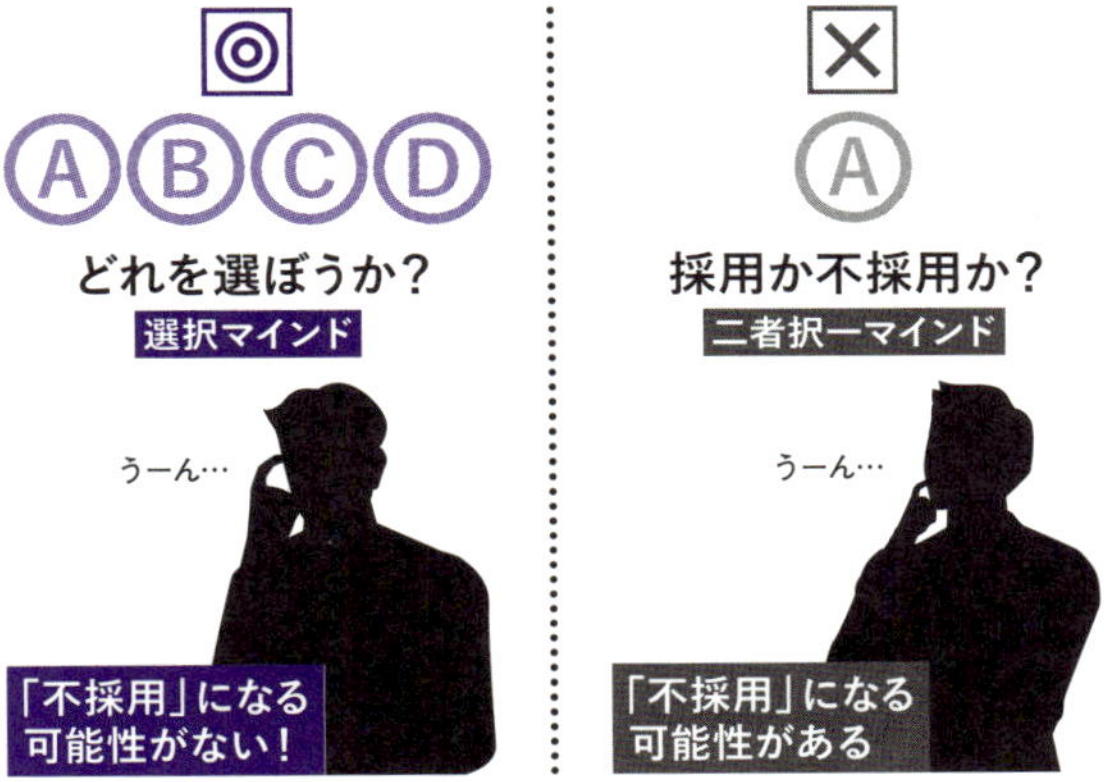
◎
ⒶⒷⒸⒹ
どれを選ぼうか？
選択マインド
うーん…
「不採用」になる
可能性がない！
×
Ⓐ
採用か不採用か？
二者択一マインド
うーん…
「不採用」になる
可能性がある

男「きみは和食と洋食だと、どっちが好きなの？　そしてそれはなぜ？」
女「どちらかというと和食のほうかな……。うーん、ヘルシーだし美的でしょ」
男「なるほどいいね。和食を食べるなら、銀座と渋谷のどっちが好き？」
女「やっぱり銀座ね。だって大人の街でしょ。それに品格と風情もあるし…」
男「なるほどいいね。じゃ、ぼくの知ってる銀座のおいしい店へ案内するよ」
女「へーそうなの、うれしい！　じゃあ、ぜひ連れてってね」

04

秘密や本音を聞き出す

～少しの〝小細工〟で露わになる本音～

「一般論」「たとえばの話」で本音を話させる

隠し事がある相手は、言いたくない部分で口ごもり、本音を隠します。
そんな時には、「一般論」や「たとえばの話」への**すり替えを図って話し続ければ、核心まで辿りつけなくても大方のアウトラインがつかめる**でしょう。

A「一般論ですが、御社ぐらいの企業なら40代で年収1千万円は固いでしょ？」
B「それは昔の話、今は役員クラスでないと。せいぜい800万円台くらいかな」
「一般論」と前置きしただけで、あらかた年収レベルの見当もつけられます。

A「たとえばの話、きみぐらいの美人だと、20人ぐらいの男と付き合ったよね？」
B「ふふふ、そんなに付き合ってないわ、せいぜい、まだ7人ぐらいかな」
「たとえばの話」なのについ自分の経験を語り、恋愛遍歴もバレバレになります。

「わざと誤った話」をして本音を話させる

また、**わざと誤った話をぶつけることでも、本音や秘密がこぼれ落ちます**。
A「一般的に、こうした製品の原価率って大体10～15％ぐらいが業界標準ですよね。原価が激安なぶん、御社は相当儲かっているんでしょうね」
B「いいえ、それは大きな誤解ですよ。この手の製品は、内蔵のマイクロモーターだけでも製品価格の5割近くを占めるので、かなりの高コストですよ」
見当違いの話をされると、つい訂正しておかなくては――という使命感から本音や秘密を漏らしてしまうのです。真面目な人間ほどこうなります。

「それホント？」で本音を話させる

人は自分の話を否定されると気分を害します。

それを利用して、相手から一気に詳しい経緯を聞き出す方法もあります。

A「ええーっ？　それってホントですかーっ。信じられない話ですよねー」

B「いや、本当ですよ。鈴木さんは課長から部長に昇進したので一応栄転です」

A「ええーっ、ウソみたい！　課長から部長といっても畑違いの閑職でしょう？」

B「ま、そうですけど…ね。でも、前の上司と衝突したので仕方ないんですよ」

A「なーるほど。つまり、飛ばされたんですね。鈴木さんは左遷でしたか（納得）」

お返ししたくなる気持ちを利用する

「実はですね。ここだけの話なんですけど」などと秘密ごとを切り出されると、思

「言いたくない本音や秘密」を吐き出させる

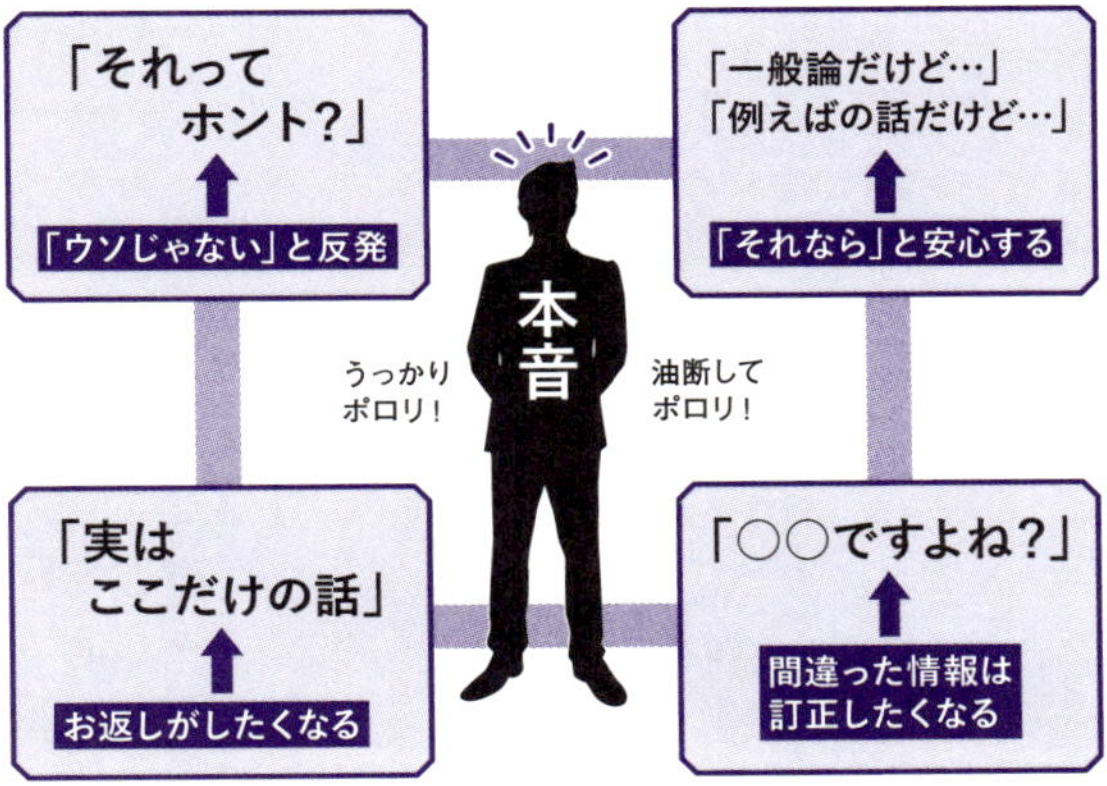

わず嬉しくなって身を乗り出す人は多いでしょう。特別に秘密の事情を聞かせてもらえる――という限定希少価値効果です。この時、**何かをもらうとお返しがしたくなる「返報性の原理」がはたらき、相手からも秘密の開示が期待できます。**

A「実はここだけの話だけど、経理の美咲さんにモーションかけてるんだ」

B「ええっ! やめとけよ。実はオレ、以前に美咲と付き合ってたんだぜ」

A「ぐはっ、そうか。じゃ、危うくオレたち兄弟同士になるとこだったんだ」

05

動きや仕草から相手のウソを見破る

〜潜在意識だけはウソをつけない〜

ウソをついている時にでる「特徴的な身体変化」

「それってホントか？　まさか、ウソじゃないよな？」などと強い疑いをかけられた時、ウソをついている人の多くに表れる「特徴的な身体変化」があります。

「早口になる」「まばたきの回数が増える」「興味のない風を装う」「話題を早く終わらせ転換したがる」「目が泳ぐ」「手や顔が汗ばむ」「言い間違えや吃音が入る」「文法がおかしくなる」「落ち着きがなくなり、不自然な動作が多くなる」「ウソじゃないと強弁し怒る」「凝視してくる（女性特有）」「たぶん、おそらくなどの不確定推量の言葉で弁明する」など、**バレたら困るという緊張感によって生じる特徴的な身体変化**です。こういう兆候が見られたら、後述の方法で追及すべきです。

ウソがバレなかった時にでる「仕草」

ところで、世の中にはウソをつくのが平気で、子供の頃から習慣化しているのでさほどの罪悪感も緊張感ももたず、あまり身体変化が表れない人もいます。

そういう人には、一般的な身体変化のほうより、**ウソがバレなかった時に、そのあとで見せる、次のような仕草を覚えておくとよい**でしょう。「口元に手をやる」「首元や胸に手をやる」「唇を舐める」「口角の片側が上がる」の4点です。

これは、「うまく騙せた」「うまく言い逃れた」という安堵感から現れる特徴的な仕草で、ウソをついていない人なら、ほとんど見せない仕草だからです。

では、怪しいと思った人物の「ウソを暴く手法」を見ておきましょう。

ウソを暴く方法

ウソを暴き出し、相手を屈服させるには、動かぬ証拠が一番ですが、それがない場合は自白させる他ありません。次のように段階を踏んであぶり出しましょう。

★「沈黙」……会話中、突然黙り込んでじっと睨《にら》み、相手に不安を覚えさせます。

妻「あなた、何でまた、新しい下着買ったの？…………………（沈黙して睨む）」

夫「え？　わ、悪いか？　下着ぐらいさ……（ウソをつく時の特徴が横溢《おういつ》）」

★「カマをかける」……ここでさり気ないウソをつき、反応を見ます。

妻「実はね、あなたが浮気してるって、私に教えてくれた人がいるのよ……」

夫「えっ、だ、誰がそんな！　だ…大体、証拠もないのに、ば、ばかな！（汗）」

★「虎の威を借る」……ここでさらにカマをかけ、権威者の存在を示します。

妻「証拠もあるわ。あなた、あたしの兄の前で、浮気してないって言えるの？」

ウソは見破ることができる

ウソをついている時

- 目が泳ぐ
- 早口になる
- まばたきが多くなる
- 汗ばむ
- 言い間違いをする
- 話題を変えたがる
- 怒って否定する
- 全体に落ち着きがない！

ウソがバレなかった時

- 口元に手をやる
- 首元や胸に手をやる
- 唇を舐める
- 口角の片側が上がる

ウソを見破るには、
❶沈黙で睨む ➡ ❷カマをかける ➡ ❸虎の威を借る

夫「えっ、お義兄さんが？　キャバ嬢との同伴出勤の見間違いだよ（自白）」
妻「キャバ嬢じゃなくて普通の娘！　で、その娘とホテルに入ったわけよ！」
夫「…実は援交の出会い系サイトの娘だよ（汗）。出来心で1回だけ…（汗）」
妻「どっちにしろ、そんなお金があるなら、お小遣い減らすわ！　不潔！」

実際には、もっと時間をかけた尋問になるでしょう。ハッタリの断定口調でカマをかけるためにも、相手との想定問答の事前シミュレーションが大切です。

06

交渉を有利に運ぶコツ

〜人生を上手に生き抜くために〜

相手の土俵に上らないこと

交渉を有利に運ぶには次のようなポイントがあります。

①ホームで行う……こちらの事務所など慣れたホームグラウンドを使う。
②先に条件提示する……ある所を基点として、お互いの損益の議論に持ち込む。
③限界値は示さない……こちらの本音（譲歩できる限界点）は秘匿する。
④時間的制約は示さない……こちらが決めなければ困る期限の限界は秘匿する。
⑤ウィンウィンの妥結点を目指す……相手にもトクと思わせる。

いずれも、**相手の土俵で相撲を取らないようにすることが注意点**になります。

リラックスできる場所を選ぶ

相手側の事務所などで交渉を行うことは、余計な気兼ねや緊張を伴いますから、こちらがリラックスできる場所（自分の事務所など）での交渉とすべきです。

飲食店などを使う場合は、事前に下見しておくか、約束の時間より1時間は早く到着して、店のメニューや店舗内の状況（客席の構造やトイレの場所など）を確認し、店の人たちとも会話して仲良くなり、リラックスできる状況を自らが作っておくべきです。そうすれば遠慮なく交渉に集中できるからです。

「少し高い条件」を先に提示する

こちらの望む条件は、少し高い水準にして、こちら側から先に提示すべきです。

すると、相手もそこから反応し、そこを基点にした議論になるからです。
A「納期は60日でお願いしたいのです。60日あれば大丈夫ですよね？」
B「ええっ？　60日なんて無理ですよ。最低でも100日はいただかないと…」
A「ええーっ？　なんでそんなに時間がかかるんです。100日はちょっと…」
という具合です。60日という水準が、船のアンカー（錨）のような役目をはたし、そこから双方が譲歩する形での歩み寄りになるわけです。

目指すべきは、ウィンウィンの妥結点

ウィンウィンの関係を目指すには、相手に現在の視点だけで考えさせるのではなく、将来の発展的メリットについて伝えるのを忘れないことです。

B「マージン率5％じゃ、低すぎて無理ですね。うちはとても応じられませんよ」

A「たしかに今はそうでしょう。しかし、将来ロット数は確実に増えますよ。い

交渉を有利に運ぶ5つのポイント

1. 交渉はホームで → リラックスできる
2. 条件は先に提示 → アンカー（錨）にする
3. 本音は秘匿する → 手の内はさらさない
4. タイムリミットは秘匿する → 焦りを見せない
5. ウィンウィンを目指す → 未来の利益に注目させる

最後のドタン場でもうひと押しで譲歩を獲得する

サンクコストの呪縛 ―― やはり、ここだけは譲って！じゃないと契約は無理！

まの数量ではなく、1年後、2年後には倍増していくことをご勘案下さいよ」

こうしたギリギリの交渉を長く続ければ続けるほど、相手側のほうでも何とか、この交渉を成立させたいという暗黙の気持ちが強まります。**これまでの交渉にかかった手間や労力を無駄にしたくない——というサンクコスト（埋没費用）に呪縛される**からです。こちら側が、「やはりこの交渉は無理かな」などと漏らすと、最後のもう一押しの要求が通ったりする——悪魔の最終局面でもあるわけです。

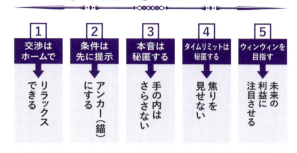

07

人を動かす一言

～相手に気づかれずに自然にその気にさせる～

とにかくほめて動かす

人を動かすのがうまい人は、さり気なくほめてから頼みごとをしています。

上司：きみは、いつも明るく賑やかでいいなあ。あ、そうそう、今晩麻雀どうだ？
部下：課長の靴って、すごく趣味がいいですね。あ、これ、ハンコお願いします。
夫：きみの手料理はホントにうまいなあ。あ、冷蔵庫からビールもう一本頼む！

さり気なくほめることで目的をすばやく実現してしまいます。

命令形を疑問形に変える

命令形を疑問形にして伝え、自主的に動くよう仕向けるのがうまい人もいます。

「今月は、3件の契約をとれよ！」→「今月の契約は3件は挙げてくれるか？」

「一日3時間は勉強しろよ」→「一日3時間の勉強ってできるか？」

問われると自分で判断して答えるため、自分で決めた印象が強くなります。

他人の言葉で伝える

直接自分の口から伝えてもピンときそうにない時は、他人の口を借ります。

遅刻の多い新入社員には、上司から「○○物産の社長って、実は大学時代のオレの友達だよ。社長にまで登り詰めた秘訣を聞いたらさ。毎日いの一番に出社することを心がけたってさ。それでみんなに一目置かれたそうで、陰ではオハヨー出世と呼ばれてるって笑ってたよ。続けると信頼になるんだな」などと諭します。

あるいは、「前の晩に飲むと朝がつらいよな。『佐賀のがばいばあちゃん』のセリフに『苦痛は幸せになるための準備体操』って言葉があるの知ってた？」などと語るのでもよいでしょう。**第三者の言葉を借りて伝えると、すんなり受け入れてもらいやすくなる**のです。「お客様の声」などというのも、この手合いです。

「マイ・フレンド・ジョン」と呼ばれる伝達手法で、信憑《しんぴょう》性が高まり、伝えた人も好印象になります。「○○さんがきみのこと○○ってほめてたよ」と伝えるのも、直接ほめるよりもうれしくさせます。こちらは「ウィンザー効果」といいます。

「大義名分」「男気」「認識」「最悪の事態」

法に触れることでも、「会社のためだから仕方ないだろ」と言えば、不正がまかり通ったり、「家族のため」と思えば、遠距離通勤も苦にならなくなります。

“人を動かす一言”7つの実践例

1	サラリとほめてから	「さすがだね。これも頼むよ！」
2	疑問形で問う	「もう少し、頑張ってくれるかな？」
3	他人の言葉で伝える	「家康曰く、“負けを知りて人に勝つ”だよ」
4	大義名分を与える	「これ、キミの出世のためだからな！」
5	男気を鼓舞する	「キミを男の中の男と見込んで頼む！」
6	認識を変える	「ここで怪我をして、かえってよかったんだ」
7	最悪の事態と比較	「一歩間違えば死んでたぞ」

大義名分を立てれば、意外にすんなりことは運ぶのです。

また、「きみの男気を見せる時じゃないか」などと言って背中を押せば、ヒーロー気分になって辛い仕事に就かせることもできます。さらに、失敗して落ち込んでいる人には、「よかったじゃないか。これはゆっくり休めという天のサインだ！」などと逆説を説くと認識が変わって元気が出たりします。なお、最悪の事態を想起させ、「死なないですんだから丸儲けだ」などと言うのも人を動かします。

08

相手・自分の怒りをおさえる

～「怒りの正体」はそもそも恐怖の感情～

相手の「承認欲求」を満たす

「バカヤロー、この店のサービスはどうなってるんだ！」と怒る客に、「バカヤローとはなんだ、コノヤロー」と怒鳴り返したのでは最悪の事態を招きます。といって、こちらが萎縮《いしゅく》しているだけでも相手の怒りはなかなか収まりません。

相手の怒りを素早く鎮静化するには、相手の「承認欲求」を満たすことです。

「承認欲求」とは「認められたい・ほめられたい」という潜在意識の願望です。

「お客様どうなさいましたか？　どうか冷静にお話しください」などと、相手の怒りに焦点を当てて、こちらは落ち着いたトーンで応じる必要があります。

人は相手の態度に「同調（ペーシング）」するからです。**こちらの冷静な態度にペースを導くようにして会話を進めれば、怒りも次第に鎮静化してくる**のです。

こちらが冷静だと、怒ることが恥ずかしいこと――とも認識するからです。

上司の「怒り」を鎮静化する

上司の部下への「怒り」を早く鎮静化したい場合も、部下は上司の「承認欲求」を満たす必要があります。「申し訳ございません」「反省しています」「二度とこのようなことがないよう気をつけます」などです。しかし、しつこい場合は、「いつもご指導いただきありがとうございます」「部長にはいつもご心配いただき感謝しています」など、感謝の言葉を口にすべきでしょう。感謝の言葉は「承認欲求」を最も充足させ、続けて「バカヤロウ」とは言えなくさせるからです。

自分の衝動的な「怒り」を鎮静化する

もうひとつ覚えておきたいのは、誰かから罵倒されたりした時に、自分が頭に来た時の対処法です。まず、瞬間的に生じた自分の中の「怒り」へは、感情を冷静に保つためにも、息を大きく吸い、ゆっくり吐いて深呼吸を繰り返すことです。同時に全身の筋肉を緩め「リラックス・リラックス」と念じましょう。

また、**目を細め、遠くをぼんやり眺める形で、「怒りの対象物」から距離を置く**ことも大事です。掌《てのひら》に汗があったら拭います。こうして体感から、「今は冷静時」と脳にリラックス信号を送り、楽しみなことなどを意識的に思い浮かべるのです。

自分の継続的な「怒り」を鎮静化する

一方、折に触れて湧いてくる、過去の出来事に由来する「怒り」に対しては、深

"怒り"への対処法

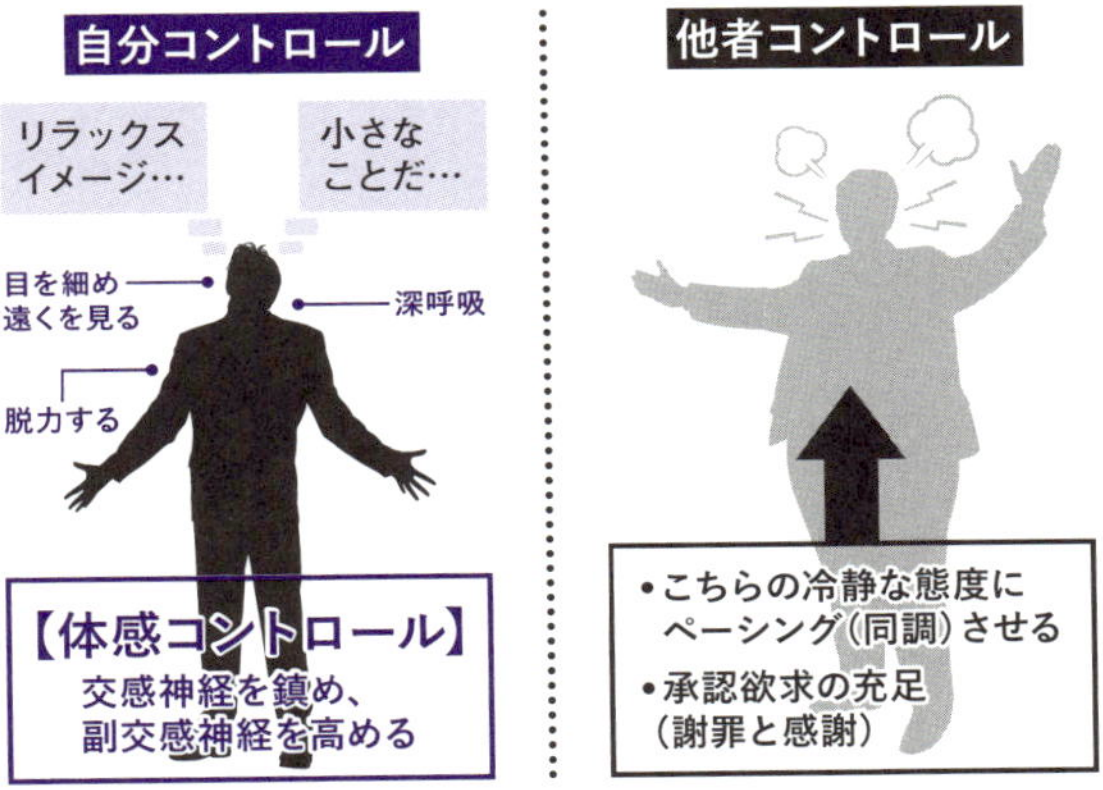
自分コントロール
リラックス
イメージ…
小さな
ことだ…
目を細め
遠くを見る
深呼吸
脱力する
【体感コントロール】
交感神経を鎮め、
副交感神経を高める
他者コントロール
・こちらの冷静な態度にペーシング（同調）させる
・承認欲求の充足
（謝罪と感謝）

呼吸などの体感コントロールを行うだけでなく、その「怒り」を意識的に矮小化《わいしょう》して対処することです。「小さな出来事」と思えるように、「大宇宙」や「地球の歴史」などに思いを馳せたり、他者との比較で「自分の幸福度」などを意識的に実感するよう仕向けます。**「怒り」を無駄なエネルギーと自覚することが重要**です。

本来「怒りの正体」は、潜在意識下の「生存欲求」に巣食う「恐怖」の感情です。やたらと怒る人は、恐怖心が強い人――という認識も大事なことなのです。

column

人を好きになるのはなぜ？「好き」と「嫌い」のメカニズムを知る（その1）

人が人を好きになる理由を知っておくと、コミュニケーション向上に役立ちます。一般的な理由は以下の通りです。

❶よく知っている人……日常生活で頻繁に接触する人には好意を抱きがちです。「よく知っている人＝安全な人」だからです。心理学で有名なザイアンスの法則では「人は会えば会うほど好意をもつ」という「単純接触の原理」が知られています。たった一度だけ長時間一緒にいる人より、短い時間でも、よく目にする人、挨拶する人、ちょっと会話する人に好意をもちます。

❷容姿の整った人……優秀な子孫を残したい本能がはたらきます。美男美女の顔は、実は平均値の体現でもあるのです。

❸自分にないものをもつ人……❷と同じく優秀な子孫を残すためと、自分の不足も補えるからです。

❹自分と似ている人……共通項や類似性をもつ人は敵ではなく、味方として安心しやすいからです。

❺自分に好意を示す人……好意を示すのは、自分を必要と認めてくれる人です。自分の価値を信じられるのは幸せです。

ざっと以上の理由が挙げられますが、他にも、幼い頃、可愛がってくれた人の面影を誰かに見立てて好意を感じる場合もあります（投影）。好意のメカニズムは、人間の本能（生存欲求）と深い関わりがあるわけです。

chapter 2

人の心を見抜く・操る

01

口癖で性格を読む

～潜在意識の本音が恥ずかしいほど表れる～

口癖と一緒に「マインド」も感染する

誰にでも口癖はあります。無意識によく口にしている言葉のことですが、本人が気づいていないことも多いでしょう。誰かに指摘されてはじめて、「あ、ほんとだ！」と気づいたりします。よく会話する相手の口癖が、いつの間にか自分にも伝染していた――というケースも少なくありません。すると、その口癖を発する人のマインドにも感染していた――ということにもなります。

「～べき」は、責任感の強い人が多用する口癖ですが、周囲との付き合いの中でいつのまにか「大丈夫」「まあ……」「なんとか」など、無責任タイプに多い口癖に変わり、「いい加減」が身についていた――などの事例が実際にあるのです。

「なるほど」の多い人は、本当は共感していない

口癖を分析すると、性格タイプまでが透けて見えます。その言葉が用いられる意味合いやニュアンスの根っこにある感情が推測できるからです。

★「要するに」……相手の話を要約して簡潔にしたい言葉ですが、多用する人は面倒臭がり屋でせっかちでイラつきがちです。仕切るのが好きなタイプです。

★「でも」「だけど」「だったら」「どうせ」……相手の意見に批判的な「D言葉」です。自己愛が強くプライドも高く、自分の殻にこもりがちな性格です。

★「なるほど」「たしかに」……相手に共感しているかに見えますが、ただのポーズです。内心は自分の意見に固執する頑固な性格、自立心旺盛なタイプです。

「一般的には」と言う人は、押しつけがましい人

★「忙しい」……他人から評価してもらいたい自意識過剰タイプ。忙しいという理由を聞き感心してあげると喜ばれます。干渉されるのは嫌いな性格です。

★「一般的には」「常識的には」……自分の持論に普遍性をもたせたく、押しつけがましい性格です。**巧妙に相手を出し抜きたい願望がある計略家タイプ**です。

★「まあ」……自分に自信がないタイプ。確たる自分の考えもなく、手っ取り早く、その場を取り繕ってお茶を濁したい——という無責任気質が窺《うかが》えます。

★「絶対」「必ず」……相手に確信を持たせて、信頼を勝ち取りたい願望だけは強いものの、根拠がなくても平気でこうした言葉が出ます。無責任気質です。

「かわいい」と言う人は、自分も言われたい人

“口癖”で相手のタイプを見極める

ちなみに…	「もの知り」で関連情報まで伝えようとする親切な人だが、かなり理屈っぽいタイプでもある。
とりあえず…	「一応」「まあ」などと同じで、間違ったり、失敗しても責任をとりたくないタイプ。争いを避けたい平和志向。
あのね…	正直で無邪気な性格。子供っぽくて裏表があまりない。

口癖が伝染ると、性格まで変わってくるので気をつけよう

★「すごい」……やたらに連発するのはミーハー気質。こう言っておけば、世渡りもラクと考えています。熱しやすく冷めやすく飽きっぽい性格です。

★「やっぱ」「やはり」……物事を深く考えないタイプで根は楽天家。計画性に難があり仕事のチェックが重要に。気まぐれで浮気性の性格です。

★「かわいい」……女性に多い口癖です。連発するのは自分が可愛いとほめられたい願望。「きみも可愛いよ」と言えば安心する寂しがり屋です。

02

仕草と動作で本音を見抜く

～動物的な本能はごまかせない～

顔の表情は意図的に作れるけど……

顔の表情は、意識的に作ることができます。たとえば、作り笑いをする時には、口は笑っていても目が笑わず、目尻のシワがあまり刻まれません。そして、作ったウソの笑顔は、顔の筋肉が疲れるため口が早めに閉じます。あるいは、顔の半分だけがひきつるような笑いも、無理に作ったウソ笑いの特徴になります。

本当に楽しくて笑う場合は、ほとんど左右対称に目も口も連動して動きます。

顔に表れる「本音の仕草」

偽装がしにくく、本音が出やすいのは、手足や胴体の「仕草」や「動作」です。

動物的な本能（潜在意識）と直結しており、主に「手」は「なだめ行動」を、「足」は「快・不快」の本音を表します。まずは、顔に関わる仕草です。

★唇を触る…自己親密行動でおしゃぶりの名残りです。安心感を得る動作です。

★唇をペロリと舌で舐める…興味・関心が湧き、欲望に目覚めた時に出ます。

★頬杖を突く…不満で退屈な時です。人前で見せるこの態度はかなり傲慢《ごうまん》です。

★耳を触る…困ったと思う時や、話に興味がなく、別のことを考えている時です。

★眉間を指で触る…落ち着いて、よく考えようと思考を巡らしている時です。

★額に手を当てる…困った時や、失敗した——などと後悔する時に出ます。

★アゴをやや上げる…自分に自信がある時で、相手を見下す上から目線です。

「手」や「腕」に表れる本音の仕草

「手」や「腕」の仕草には、様々な気質や本音が隠されています。

★腕組みをする…自己防衛か威張りたい心理のどちらかです。臆病者か自信家。

★ゼスチャーが多い…積極的で明朗な性格で、エネルギッシュな社交家です。

★声を出してよく笑う…目立ちたがり屋で、注目を浴びることが大好きな性格。

★掌の内側を広げて見せる…正直に本心を語る、開放的な性格。

★頭のうしろで両手を組む…リラックスして、こちらを信頼してくれている態度。

★テーブル上で囲いを作るように手を置く…こちらへの警戒心があります。

★髪の毛や頭に手をやる…自己親密行動で、自分をなだめ、安心を得ています。

究極の本音は「足」に表れる

仕草や動作で"心情"が見抜ける

顔	表情・仕草	手・足の状態
・口だけ笑い、目が笑わないのが作り笑顔 ・政治家やキャビンアテンダントは職業上の作り笑顔になる ・作り笑いの時の口は元に戻りやすい ・本物の笑顔は左右対称で、目が細まり、目尻のシワが多くできる	・唇にふれるのは、自己親密行動で安心したい心理 ・耳をさわるのは、話に興味がない ・額をさわるのは、困った時や後悔	・手の動きは、自分をなだめる行動のケースが多い ・テーブルの下の足の状態に、最も本音や心情が表れている

人は危険な時、足が瞬時に動きます。本能と直結しているからで、本音も出やすいのです。こっそりと、テーブル下の、相手の「足」の状態を観察しましょう。

★足先が正面に向いている…こちらを受け入れようと真面目な気持ちの時です。

★足先が横向きになっている…退屈か、こちらへの否定的感情があります。

★股がやや開き、両足が足先でクロスしている…心地よくリラックス状態です。

★椅子の脚に足が絡みつく…緊張した動物が、固まって息を殺す時の状況です。

03

自分の印象の作られ方を知る

～相手が印象を判断する基準とは～

服装が強い影響力を与える

「ユニホーム効果」や「ドレス効果」は、よく知られています。

制服を着ると、個性は画一化するものの、制服が象徴する仕事内容の規律性や権威性が備わっているように見える「ハロー効果」が期待できます。

医師、看護師、警察官、パイロット、キャビンアテンダント…などなど、いずれも一目で「仕事への使命感」に裏打ちされた真面目な人々を連想させられます。

「ハロー効果」は、美女やイケメンが、その整った顔立ちから、人物全体でも好印象のオーラをまとえるようになる――ことで有名ですが、「服装」ひとつでも、同様の印象操作が十分期待できるわけです。貧乏な人でも、高価な身なりを装えば、たちまち裕福な金持ちに見え、しかるべき扱いが受けられます。

詐欺師が、こうした効果を狙って変装し、金品を騙し取るゆえんなのです。

「見た目」が一番重要

アルバート・メラビアンという米国の心理学者は、**見た目の「視覚情報」が55%、耳から入る「聴覚情報」が38%、言葉そのものの「言語情報」は7%しか影響力がない**――と喝破して、多くの人々を驚かせましたが、「見た目」というものが、いかにイメージ形成に大事かということがわかります。この「メラビアンの法則」は、本来の実験内容が、かなり異なるものでしたが、今では同一情報の影響度分布においても、これが通説となり、すっかり説得力をもったのでした。

実は表情でも判断されている

いずれにしろ、「見た目」が大事というのは、私たちも経験則から実感するところでしょう。ところで、「見た目」を取り繕うために外見を装うことは、非常に重要なのですが、もう一つ忘れてはいけないことがあります。

外見には、服装や化粧だけでなく、顔の表情、動作といったものまでが、付随しているという事実です。どんなに外見を飾っても、表情に乏しく、覇気のない言動で、ヨタヨタ歩いていたのでは、「ハロー効果」どころではなくなります。

むしろ、こうした要素を強化していかなければ、本当の「ハロー効果」を発揮できないといってもよいわけだからです。

実態以上に好印象を与えた場合のリスク

あなたの“印象”はここで判断される

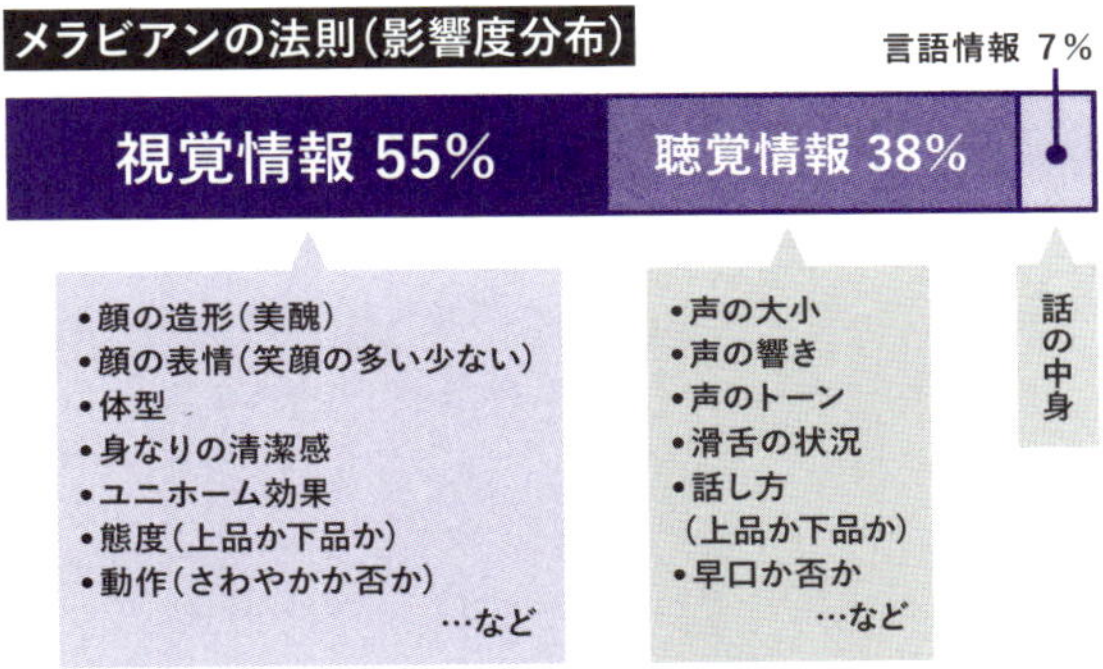
メラビアンの法則（影響度分布）
言語情報 7％
視覚情報 55％
聴覚情報 38％
•顔の造形（美醜）
•顔の表情（笑顔の多い少ない）
•体型
•身なりの清潔感
•ユニホーム効果
•態度（上品か下品か）
•動作（さわやかか否か）
…など
•声の大小
•声の響き
•声のトーン
•滑舌の状況
•話し方（上品か下品か）
•早口か否か
…など
話の中身

「ハロー効果」の大きい人は、メッキも剥がれやすい！

人の印象は、第一印象で7～8割決まるといわれています。しかし、「ハロー効果」がはたらいて、実態以上に好印象を与えた場合には、2、3回目で、そのメッキが急速に剥がれやすいというリスクも負っているのです。常にさわやかな笑顔を忘れずに挨拶し、姿勢正しく、胸を張って堂々と歩き、落ち着いた態度と品格ある話し方をするといった自分磨きが大切になります。「ハロー効果」は、外見だけでなく、「社会的要素」「性格的要素」も重要なことを忘れてはいけません。

04

一瞬で心をつかむ

～説得力が格段に上がる言葉の使い方①～

相手の脳に「何でかな?」と思わせる

自分の言葉に説得力を増すには、ちょっとした工夫が必要です。

たとえば、**一瞬で注目を浴びる言葉にするには、「逆説」のレトリックを使ってみる**ことをお勧めします。

- 仕事を真面目にやったって、出世なんかしないぞ――。
- 学校は勉強するところなんかじゃないぞ――。

こういわれると、頭の中には「?マーク」があふれます。

「何でかな？」と脳がたちまち謎を解くべく反応するからです。

そのあと、「仕事は言われたことを真面目にやるだけでは、評価されないんだ。そこにどれだけ付加価値をつけられるかが、勝負の鍵なんだよ」と言えば、すんなり受け止められるでしょう。あるいは、「学校は勉強するところじゃないぞ、考える力を身に着ける場なんだ」と言えば、ああ、なるほど——と腑に落ちます。

逆説の言葉をいきなり突き付けられると、認知に不協和が生じます。常識と違うので思考が揺さぶられるのです。そのため注目度が増し、あとから説明される事柄で認知が協和させられると、納得度が高まるのです。

書籍のタイトルには、認知の不協和を狙ったものが少なくありません。『嫌われる勇気』『医者に殺されない47の心得』……いろいろあります。

書店で認知に不協和が起きた人は、思わず本を手に取り、その「解答」を知りたくなります。人は、認知に不協和が起きたままだと「不快」だからです。

人は自分に都合よく解釈する生き物

認知の不協和とは、心の中に起きる「矛盾」のことです。人は、心に矛盾が生じたままだと、不快なため、それを解消したくなるのです。

喫煙者は、「タバコは健康に有害」という事実を突き付けられて、禁煙できればよいですが、タバコをやめられない場合に「認知的不協和」の状態に陥ります。

すると、**「喫煙者でも100歳まで長生きの人がいる」「タバコは精神の安定に有効」「タバコはコミュニケーションに役立つ」などと認知を必死に協和させます。**

健康に有害なのに吸い続けるのは、いかにも矛盾する行動で不快だからです。

「マイナス」の事情を肯定すれば説得力が増す

認知に不協和を生じさせて、説得力を強化する方法は他にもあります。

“認知”に不協和を起こし説得力を上げるワザ

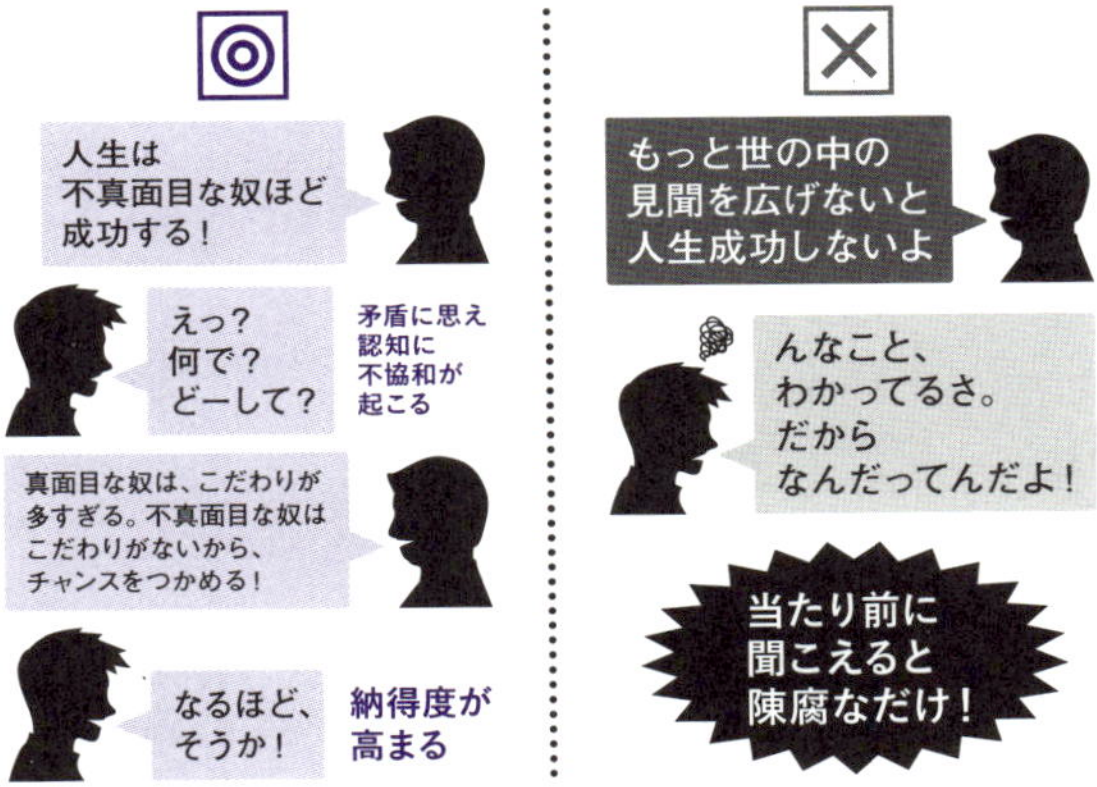
◎
人生は
不真面目な奴ほど
成功する！
えっ？
何で？
どーして？
矛盾に思え
認知に
不協和が
起こる
真面目な奴は、こだわりが
多すぎる。不真面目な奴は
こだわりがないから、
チャンスをつかめる！
なるほど、
そうか！
納得度が
高まる
×
もっと世の中の
見聞を広げないと
人生成功しないよ
んなこと、
わかってるさ。
だから
なんだってんだよ！
当たり前に
聞こえると
陳腐なだけ！

「忙しくて時間がないので、参加は無理です」と断る人には、「だからいいんですよ！」というと、「何で？」となります。そこにもっともらしい理屈をつけ、認知を協和させてあげると、「なるほど、そういう考え方もあるな」と腑に落ちて、参加を決めてくれたりするでしょう。あの人は、こういう理由で断ってくるだろうな——と、あらかじめ予測がつくなら、その「マイナス」の事情を「プラス」の認知で協和させる「理由」をあらかじめ考え、準備しておくとよいわけです。

05

自分の意見に同調させる

～説得力が格段に上がる言葉の使い方②～

みんなと同じだと安心する

人を説得する際に使うと便利なのは、「同調志向」を刺激する言葉です。

部下「うちの会社は給料も安いし、サービス残業もあり、休日出勤まで強要される典型的なブラック企業ですよね。だから、辞めようと思います」

上司「バカだな、お前は。いまや日本の企業はみんなそうだよ。世間知らずが」

部下「えっ？　そ、そうなんですか？　そ、そう…なのかな……（汗）」

「みんなそうだよ」と言われると、妙に納得させられます。

そして、他の人と同じ――という状況は、変な「安心材料」にもなるのです。

日本中がブラック企業という無茶苦茶な断定にも、そうかもしれない――と思わされる力があります。とりわけ、日本人にはこうした傾向が強いとされます。外国のジョークにもあります。

船が沈没寸前の時、船長が各国の乗客に言う次のようなセリフです。

- アメリカ人には「飛び込めばあなたはヒーローですよ」（英雄好き）
- イタリア人には「美女が飛び込みましたよ」（女好き）
- ドイツ人には「飛び込むのが規則ですよ」（規則好き）
- フランス人には「飛び込まないで下さい」（天邪鬼）
- 日本人には「みんなもう飛び込みましたよ」（同調好き）

「みんな」と言われると、同調志向でハートを奪われる日本人というわけです。

子供も親に「みんな持ってるから買ってよ」と玩具をせがみます。

抜け駆けさせない「バンドワゴン効果」

同調志向は、心理学でいう「バンドワゴン効果」のことです。

バンドワゴンとは、楽隊車のことで、パレードの先頭で音楽を鳴らし、隊列を率いることから、「流れを作る」「先駆けになる」ことを意味します。

そこから、「多勢に与する」「時流におもねる」「勝ち馬に乗る」という行動を指します。多数派に従い、流行に乗り、選挙では勝てそうな候補に投票するのです。

つまり、集団に同調させ、一人だけの抜け駆けを許さない、みんなと異なることをさせない——といった呪縛を強いるのです。

我々は無意識に踊らされている

日本人は仲間外れになることを嫌います。イジメをする人がいると仲間に入っ

一瞬で同調させるワザ

バンドワゴンの罠

「みんなって、誰と誰のことだ？」と考えると呪縛が解ける

て加担します。自分がイジメられたくないからです。怖い心理です。

「みんな、やってますよ」「みなさんすでにお持ちです」「みんな買ってますよ」という状況を示されると、無意識に同調志向がはたらきます。

家電量販店に行けば「売れ行きベストテン」や「人気商品ランキング」が表示され、売れている商品を買いたい気分にさせます。書籍の帯にも「10万部突破！」などの文字が躍り、同調志向をあおる仕掛けがあるわけです。

06

相手を言葉でコントロールする

〜説得力が格段に上がる言葉の使い方③〜

期待を込めてほめると思い通りになる

あれこれ、こうしてほしいとお願いしても、そうはならない相手が多いのではないでしょうか。

夫「きみの作ったこの料理。もうちょっと何とかならないのかな？」

妻「あら？　まずかった？　一応レシピ通りに作ったつもりなんだけどな…」

こうした会話はきっと永遠に続くのかもしれません。

次のように言うと、満足のいく結果へと近づきます。

夫「お、コレ！　なかなかイケるね。きみ、料理の腕を上げてきたね」

妻「あら、そう？　うれしいわ。レシピの活用にもちょっと工夫してるの」

「いいね！」と言われると、脳の「快」を司る報酬系が活発化します。

心理学では、「ピグマリオン効果」として知られる現象です。

自分の欲する状況へと期待を込めてほめると、その状況が実現するのです。

ピグマリオンとは、ギリシャ神話に登場するキプロス島の王様です。

自分が彫った象牙の女性像に恋をして、人間であってくれたらと熱烈に願っていると、愛と美の女神アフロディーテが、女性像に命を吹き込み人間にした――という物語に由来しています。「きみたちは勉強ができるね」と期待を込めて言い続けたクラスの成績が上がった実験で知られ、別名「教師期待効果」や、心理学者の名から「ローゼンタール効果」とも呼ばれます。反対に、「お前ってホントにバカだな」と見下していると、そうなる現象は「ゴーレム効果」といいます。

部下や上司もコントロールできる

同じ要領で臨めば、いろいろなところで使えます。

仕事の遅い部下がいたら、その部下の仕事が早かった時に、「きみは、仕事が早くていいね！」とほめましょう。部下はだんだん仕事のピッチを上げてくれます。

落ち着きがなく、ミスの多い部下には、ミスのない仕事をした時に、「落ち着いてミスのない仕事ぶりでいいね」と伝えましょう。次第にミスもなくなります。

えこひいきの激しい上司や教師には、公平な判断の時に「いつも公平に決めてくれるので嬉しいです」と一言添えましょう。

やがて、えこひいきをしなくなっていきます。

取引先もコントロールできる

思い通りの"人"に仕立てるワザ

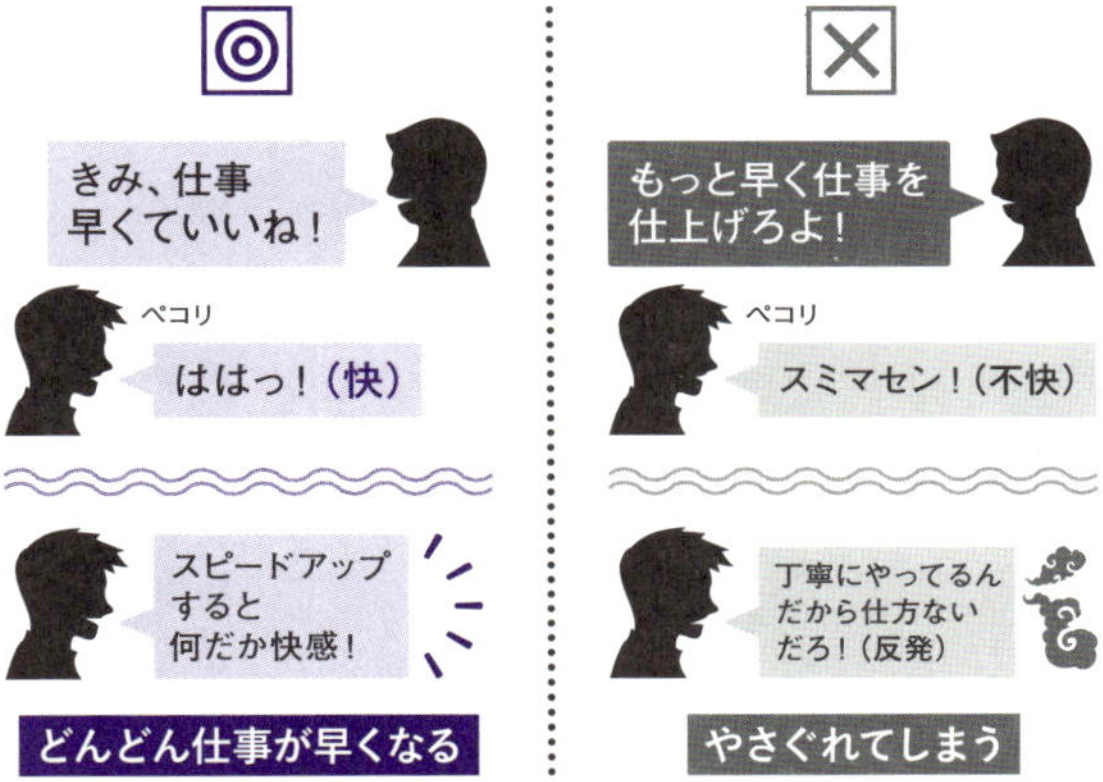

注文をくれるのが遅くて、納品に慌てさせられる取引先には、早い注文の時に「注文が早くて非常にありがたいです」と伝えることです。潜在意識に、この言葉が浸透していくにつれ、注文が来るのが早まっていきます。

横柄な得意先には、扱いがまあまあだった時に「いつもご親切にしていただきありがとうございます」と感謝を伝えましょう。だんだん丁寧な扱いをしてくれるようになるはずです。時間はかかっても効果は確実な方法といえるのです。

07

自発的に相手を動かすテクニック

～説得力が格段に上がる言葉の使い方④～

命令するのは非効率

前項で紹介した通り、人は誰かから、何らかのほのかな期待を寄せられると、無意識のうちにも、相手の期待に応えてあげようとしてしまいます。

「○○してくれるのを期待しています」などと言われると、命令されたように感じ反発心も湧きますが、前項のように「○○になっていて、いいね！」という形の賞賛で示されると、その人の無意識には「○○すると自分が快感」として記憶に刻むからなのです。このことから自明なのは、人が人に対して命令して「何か」

を行わせるのは意外にも効率的でない——ということでしょう。

相手の潜在意識を喜ばすメッセージではたらきかけ、相手が自発的にそうしたいと向かわせるほうが、はるかに永続的かつ効率的だからなのです。

命令形をやめると人間関係もスムーズに

「今日は深夜までの残業を頼むぞ」と押し付けられるとゲンナリしますが、「今日は深夜まで残業頑張れるかな？」と尋ねられると、自分で考えてから答えることになり、「はい、やります」と自分の意志で決めたことが潜在意識にも刻まれます。

「頑張れよ！」と叱咤《しった》されるのも命令形なので、すでに十分頑張っている人には**「これ以上どう頑張れっていうんだよ」**と反発も起きますが、**「頑張りすぎないようにね」**と気遣われれば、**それが嬉しくて余計に「頑張らなきゃ」と思います。**

潜在意識は「快・不快」に敏感です。「快」が刺激されると自発的になるのです。

プライドの高い人ほど自発的になる

部下や友人にプライドの高い人がいると、付き合いにくいと感じるでしょう。

プライドの高い人は、人を見下す傾向があります。態度も偉そうだったりで、周囲から孤立しがちです。しかし、このような人が**自慢したり、他人を見下すのは、自分が優秀だ——ということを周囲が認めてくれていないことへの反発でもあります**。こんな人を懐柔するには、本人が自負するものを讃えてあげることが一番です。すると、潜在意識が「快」になり、あなたを受け入れてくれるようにもなるからです。さらに、この人を動かしたければ、「ほめて・ちょっとけなす」の要領を覚えておくと、最も確実に潜在意識を刺激するため、本人を猛烈に自発的にさせるのです。

「きみは英語が達者だけど、コレ難しいので明日までに訳すのは無理だよね？」

“命令形”をやめると誘導しやすくなる

× きみ、英語うまいんだから、コレ訳してよ → 命令的なので反発！

◎ きみは英語がうまいけど、コレ訳すのは無理だろ？ → 「ほめて、けなす」と自尊心が混乱し、反発して自発的にさせる

× 頑張れよ！ → 反発！

◎ 頑張ってくれる？ → 自問自答を導き自発的にさせる

◎ 頑張りすぎるなよ！ → 気遣いのこもった禁止なので反発して自発的にさせる

「命令形」も「禁止形」と同じく“反発”を呼ぶのでうまく使うこと

「パソコン通のきみも、ぼくのパソコンこんな状態じゃ、直すのは無理だよね？」

こんな風にもちかけてみるとよいのです。

こう言われると意識の上では、「忙しいから断ろう」と思っても、自尊心が許さなくなるからです。潜在意識が猛烈に反発して、つい「いや、そんなことないよ、見せてみなよ」とたちまち引き受けてくれる「よい人」になってしまうのです。

プライドの高い優秀な人を味方につけておくと、非常に頼りになるわけです。

08

人の心を〝束縛する〟

～説得力が格段に上がる言葉の使い方⑤～

別れられなくなる心理とは

「ドメスティック・バイオレンス」という言葉があります。近親者暴力や家庭内暴力のことを指しています。経験のない人は、なんで身近な人間にいつも暴力を振るわれている人が、さっさと逃げないんだ——とも思うでしょう。

実際は、互いの依存関係ができて、離れられなくなるケースが多いのです。

暴力を振るう人間のほうも精神的に病んでいますが、暴力を受ける人間の側も病んでしまうからです。暴力を振るった人間は、正気に戻ると、被害者に泣いて謝ります。たとえばカップルの場合、男は女にちゃんと謝罪するのです。

自分の非を認め、愚かさを責め、反省して二度と暴力は振るわないと誓うのです。

だから別れないでくれ、そんな自分だけど許してくれ――と懇願するわけです。

その時の決めゼリフが「こんなぼくが生きていけるのはきみがいるからで、きみがいなくなったら生きていけない」なのです。

つまり、**加害者は「きみしかいない」と被害者に交際の継続を求め、被害者も「この人を生きさせられるのは自分しかいない」などと継続を選択する**のです。

お互いが「希少価値・限定効果」にどっぷりはまった関係になるため、別れられなくなるわけです。これを繰り返すうちに泥沼地獄の依存関係にもなります。

極端な事例ですが、「きみだけが頼り」「きみしかいない」「私しか救えない」「私だけが命」などと思ってしまうと、ここまで人の心も呪縛されてしまうのです。

人の心を束縛するこのセリフは、潜在意識への浸透効果も高いわけです。

喪失への恐怖感を煽る

人を束縛する時、この「希少価値・限定効果」に基づくセリフはよく使われます。職場で上司から「この仕事を頼めるのはきみしかおらん、頼むぞ」などと言われると、自分には特別に選ばれる希少価値があるのだと嬉しくなるとともに、ここまで自分一人に限定されると、もはや断れないという覚悟も迫られます。

小売りの現場でもよく見かけます。「今だけ3割引き」「残りわずかです」といったセールスの掛け声はおなじみでしょう。残り少ない、今しかない――と思うと、潜在意識は太古の昔に刻まれたDNAの「飢餓体験」を想起させられます。

人**は、何であろうと「喪失」を残念に思うのです。非常に残念に思うのは、よほど大切だからでしょう。この心理は逆手にとれば人の喜びにもつなげられます。**

男「実は、きみがほしがってたティファニーのリングを買ったんだけど、紛失し

一瞬で相手を束縛するワザ

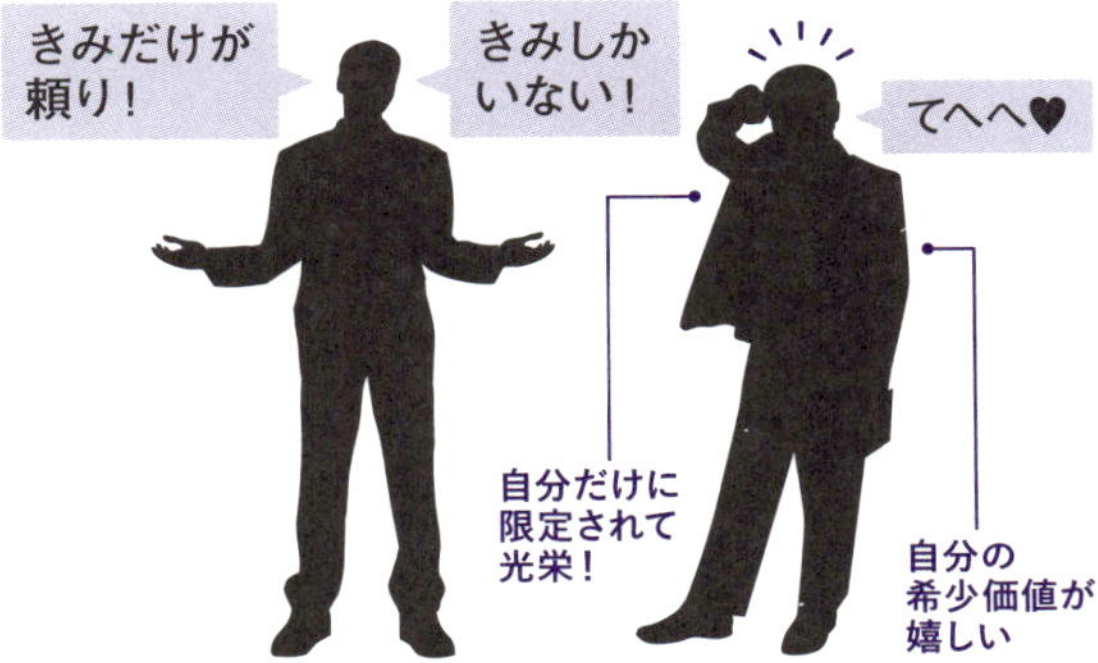

「他にもいるだろうが」と考えると呪縛が解ける

ちゃったんだよ…。ホントにごめん。
次のボーナスまで待ってね…」
女「えーっ！　そんなっ！　紛失って！
もったいない…大ショック！」
男「ははは……なんちゃってね。実は机
の中にしまってあった。はいコレ！」
女「わー、素敵っ！　ひどいわ、失くし
たなんてびっくりするじゃない！」
喪失と出現を演出するだけで、サプラ
イズ効果で喜びも嬉しさも、倍増するか
ら不思議なのです。「ロストゲイン効果」
と呼ばれる心理です。

column

人を好きになるのはなぜ？「好き」と「嫌い」のメカニズムを知る（その2）

人が人を嫌いになる理由は、概ね以下の通りです。

❶軽蔑……容姿や身なり、話し方、マナーが悪い、教養がない、頼りない、無責任、不潔な人を見ると不快です。
❷嫉妬……自分と同等か、それ以下だと見なしていた人が、自分よりも高い評価や優遇を受けると不快です。
❸裏切り……自分を騙したり、出し抜く人、あるいは自分の期待に応えてくれない人への「ないものねだり」の気分は不快です。
❹軽視……自分のことをからかったり、軽んじた扱いをしてくる人は不快です。
❺否定……自分のことを無視したり、攻撃的な扱いで排除しようとする人は不快です。
❻投影……自分の心の中で封印していたい「ケチ」や「見栄」「愚痴」「だらしなさ」といった負の感情・性質を、相手の行動に見てとると不快です。
❼差別……性別や人種、宗教、国籍の違いや対立するメンバーの一員というだけで差別されるのは不快です。

ざっと以上ですが、いずれも「不快」が共通する理由です。上記の理由が複合的に重なり、人を嫌いになります。人から嫌われないための「転ばぬ先の杖」にしてください。

chapter 3

男と女の心理

01

男と女が引き合う理由

～異性の気持ちを手玉にとる～

男性の好む女性像とは

男性が、「理想的な女性」ととらえるイメージは、次のようになっています。

- 男性をつねに格上の存在として扱ってくれる女性。
- つねに笑顔を見せ、懐いてくれて、上品でエレガントな女性。

女性が、意中の男性の気を引きたい時には、これらの要素を意識することです。

反面、男性が嫌う女性像は、これらとは正反対の要素を持つ女性です。

交際中の女性が、「男性を見下すような軽蔑的視線」「笑顔を見せず不機嫌な態

度」「乱暴な言葉遣いで下品なふるまい」でいると、男性のボルテージは急速に下がります。女性側がこれをしっかり実践した場合、男性側は嫌気がさすのでスムーズに「別れ」も告げられます。男性からのストーカー予防対策になります。

女性の好む男性像とは

女性が、「理想的な男性」ととらえるイメージは、次のようになっています。

★女性を優しく守ってくれる、たくましい男性（知力・体力・経済力・包容力）。

★主体的・自立性・雄々しさを兼ね備えた男性。

男性が、意中の女性の気を引きたい時には、これらの要素を意識することです。

なお、**女性が嫌う男性のタイプは、「清潔感がない」「オラオラ系で横暴」「だらしない依存タイプ」**などですから、男性はこうした態度で、女性から愛想を尽かされてから「別れ」を切り出せば、女性からのストーカー予防対策になります。

男女の距離が近づくのは「暗い」「近い」「狭い」

男女が、相手を「異性」として意識するのは「暗・近・狭」の空間です。

ネットカフェやマンガ喫茶、カラオケなどの狭い個室は、密室に限りなく近い空間なので、2人だけのデートの場に選ぶには、もってこいの環境といえます。

こうした環境に男女2人だけでいると、無意識にセックスを想起するために、ドキドキしてきます。このドキドキ感は、怖い時のドキドキ感とも似ています。

有名な「吊り橋理論」は、男女2人で、揺れる吊り橋を渡っていると、その恐怖によるドキドキ感と異性を意識するドキドキ感との混同が起こり、相手に「異性」を意識する——というものです。ジェットコースターやお化け屋敷、断崖絶壁の環境でも同様の現象が生じます。恋人未満のカップルにはお薦めの場です。

ちなみに、**初めてのデートで恋愛映画を見に行くカップルがいますが、映画が**

異性を近づけるもの

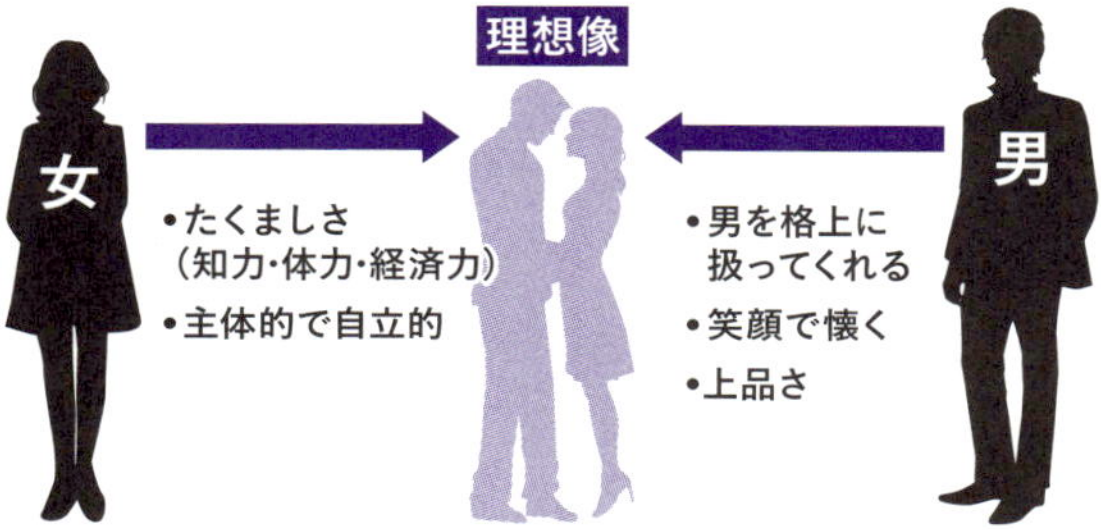

暗＋近＋狭の空間が男女を近づける

暗：場所
近・狭：物理的距離

終わると「現実」に引き戻され、お互いがガッカリなのでNGです。

暗いバーのカウンターで、男女が肩を触れあい、相手の吐息を感じるぐらいに額を寄せ合う環境も、男女が発情しやすい場所でしょう。デートの締めくくりにバーで語らうのは、次のステップへとすすむ理に適った行動なのです。

隣り合って座り、「手相を見てあげる」などと言えば、密接度も高まります。

男女の物理的距離が近いほど心理的距離は縮まります（ボッサードの法則）。

02

「ボディタッチ」における男女の違い

～男と女の潜在意識の違いが明確に表れる～

男同士のボディタッチはＮＧ

男性同士は、潜在意識にライバル心を秘めています。

そのため、男性同士でのスキンシップやボディタッチには警戒心、嫌悪感が生まれがちです。**男性同士では、みだりに相手にタッチしないのはもちろん、本能的に肩を組むのも好まない**のです。

男性同士の握手は儀礼上のものにすぎず、上司から肩を叩かれることは服従心から許容しているだけです。男性同士がスポーツ競技でボディタッチを行うのは、味方同士という意識を高揚させるための儀式的なものに他なりません。

男性同士は、ことさら同性での接触を嫌うのがふつうなのです。

女性からのボディタッチは大好物

ところが、男性は、女性からボディタッチされるのは大好きです。

女性から肩や背中をタッチされたり、腕をつかまれたり、服を引っ張られたり、手を触られたりすると、自分への好意を感じるために無性にうれしくなるのです。

女性から特定の男性に、さり気ないボディタッチを頻繁に行うと、男性はみるみる「男」に目覚めます。男性は胸がときめき、タッチしてくる女性への興味・関心をにわかに高めるからです。女性が、意中の男性に、自分を手っ取り早く意識させたいなら、まずは、さり気ないボディタッチを頻繁に行うことが、最も近道ということになります。**特に男性の太ももに手を置くと強烈な効果**があります。

女性同士のボディタッチする秘密

女性同士は、男性同士と異なり、わりと頻繁にボディタッチを行っています。これは女性同士が、つねに共感・協調を重視する本能に因《よ》っているからです。

男性から見ると、ただ「仲がよいから」ぐらいにしか思えませんが、**女性同士のボディタッチには、実はさまざまなメッセージが隠されています**。

①好意の表明。単純に相手が好きで、仲良くしたい——という願望の表れ。
②一人ぼっちで不安な心理から、「一人ではない」と確認したい気持ちの表れ。
③私には味方がいるぞ——というアピールで、孤立感からくる防御心の表れ。
④自分を嫌っていないか、相手の反応を見たい——という不安な思いの表れ。

男性が女性にボディタッチする意味

男性の、女性の身体各部へのタッチの意味

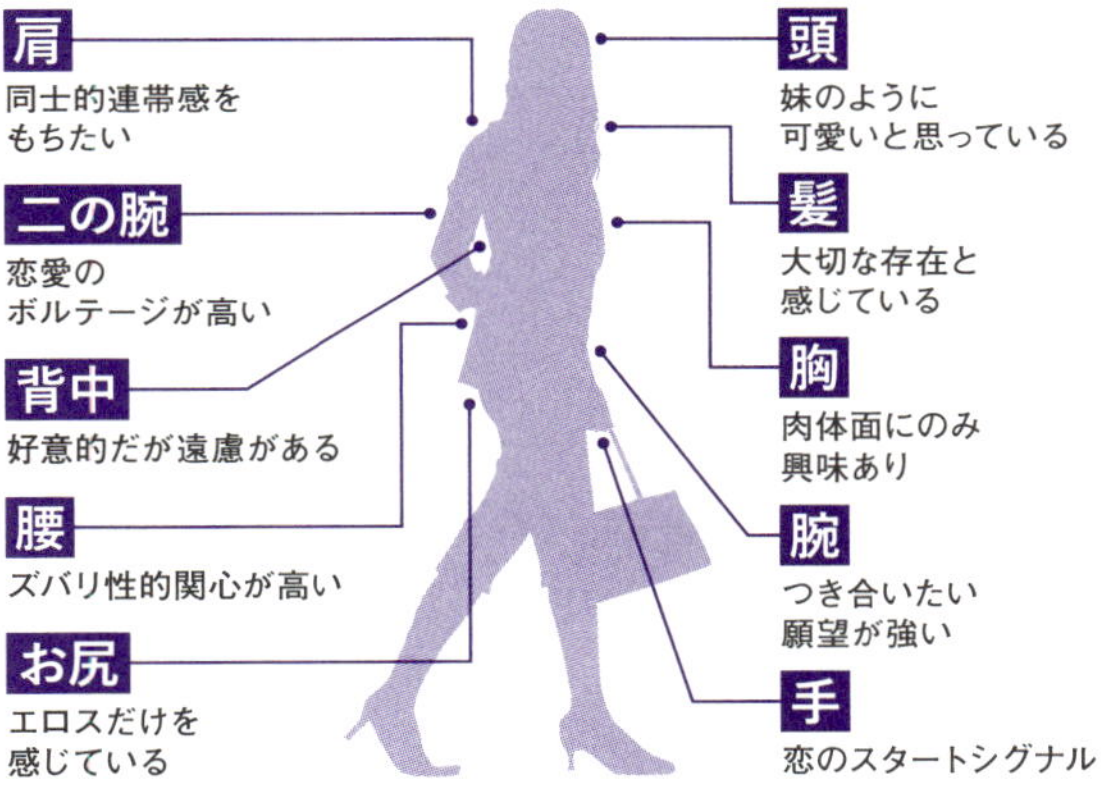
肩
同士的連帯感をもちたい
二の腕
恋愛のボルテージが高い
背中
好意的だが遠慮がある
腰
ズバリ性的関心が高い
お尻
エロスだけを感じている
頭
妹のように可愛いと思っている
髪
大切な存在と感じている
胸
肉体面にのみ興味あり
腕
つき合いたい願望が強い
手
恋のスタートシグナル

　男性は幼少時から、つねに女性にボディタッチしたい願望の下で生きています。ただし、うかつに触って嫌われたり、セクハラと思われるのが怖いため、女性へのボディタッチ願望は抑えられています。女性は好きでもない男性からのボディタッチは不快です。もとより、男性一般に対しての防御心・警戒心が強いからです。男性は、そのへんをよく理解しておくべきです。男性側からの女性の身体各部へのボディタッチの意味は、上図を見て心得ておくとよいでしょう。

03

男と女の「見た目」学

～視覚から見えてくる男女の本音～

男女の魅力は1秒で決まる

男性の視覚が、女性を認識する際は、次のような順番です。

★「体型」→「顔」→「服装」→「持ち物」

女性の視覚が、男性を認識する際は、次のような順番です。

★「服装」→「持ち物」→「体型」→「顔」

わずか1秒あるかないかの「瞬間」にこれらを識別し、「快・不快」の判断を下していることになります。潜在意識で男性は、自分の遺伝子を残してくれる子孫の可能性を、女性の「体型」と「顔」から判断し、女性は、男性の「服装」や「持ち物」から自分を守るにふさわしい能力を有しているのか——を判断しているといってよいでしょう。**男性は、女性の「体型」や「顔」に重きを置いているのに対して、女性は男性の「顔」が一番最後です。「顔」より「能力」**なのです。

男女の生存欲求が、「視覚」という感覚においても微妙な違いを生んでいます。

「赤色」は性的魅力を高める

色彩心理学の研究によれば、「赤色」が、男女ともに、相手に対して最も性的アピール力が強いことが知られています。「赤色」を取り入れた服装は、その人物を魅力的に見せます。また、ピアスやイヤリング、ネックレス、ブレスレットなど、キラキラ光って動くものも、人物を魅力的に見せることがわかっています。

こうした装飾品は、文字通り、人物を魅力的に輝かせるわけです。

男性心理は美人を好む

男性は、美人が好きです。美人を見ると、潜在意識下でセックス願望がはたらくためにドキドキして興奮させられるからです。美人の前に出ると緊張して、何を話せばよいのか、わからなくなる——といったウブな男性もたまに見かけますが美女に慣れていないだけです。美女ばかりを扱うモデルプロダクションなどに勤める男性は、美人というだけでは興奮しなくなります。日頃から、美人の裏も表も見る機会に富んでいるからです。「別に何とも…」という気分でしょう。

男性が美人を好むのには、もうひとつ理由があります。**男性同士は、ライバル意識がはたらくので、美女を連れ歩いていると自尊心が満たされる**からです。

また「連合の原理」で、男性と美女が一緒にいると、男性が「デキル奴」に見えるのです。「連合の原理」とは、テレビCMなどで、ある商品と一緒に好感度の

代表的な"ハロー効果"は3つ

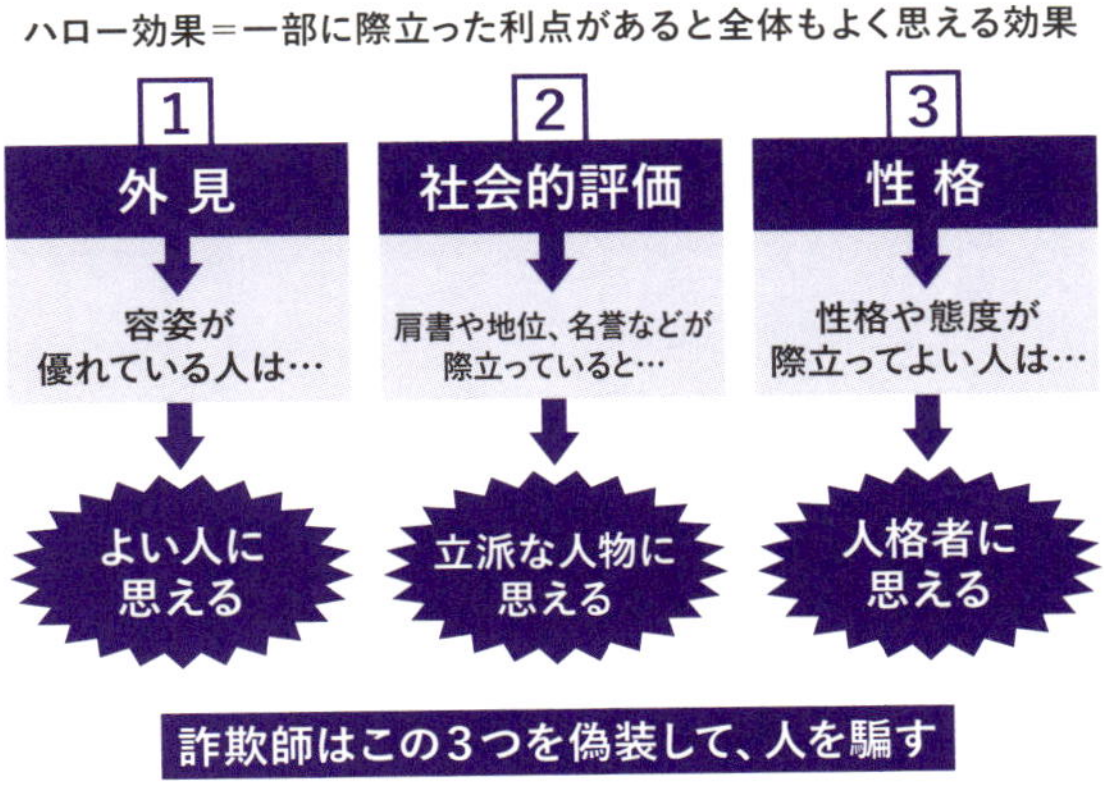

高いタレントが映ると、商品も好感度が高くなる「セット効果」のことです。

ところで、女性は、男性の「顔」にさほどの影響は受けないはずが、イケメン男性は、やはり女性にモテます。これは「ハロー効果」によるものです。

「ハロー効果」とは、一部分の魅力が際立っていると全体も後光が射したように輝く効果です。視覚の「ハロー効果」が一番強力で、顔が際立って美しく整った人は、人物の中身までが優れて見えます。美女ももちろんその効果が高いのです。

04

男女が好きな言葉・嫌いな言葉

~言葉のマジックで異性を落とす~

男性が喜ぶ女性からの言葉

意中の男性を喜ばせ、好意を女性に向かわせるには、「男の自尊心」をくすぐる言葉を使うことが大事です。「頼もしい」「筋肉すごい」「運転上手」「才能ある」「こんな素敵なお店初めて」「何でも知ってるのね」「女心がわかるのね」「難しいお仕事してますね」「優しい」「何だか安心できる」「頼っていい？」…などです。

男性は、成果、責任、成功、実績、仕上がり——など「結果」にこだわります。高級腕時計や高級服などの持ち物にまで、「成功の証《あかし》」としての意味があったり、アイデンティティが及び、そうした持ち物をほめられるのでも嬉しくなります。

女性が喜ぶ男性からの言葉

一方、女性が喜ぶ言葉は、「センスいいね」「きみ、守ってあげたくなるタイプだね」「一人で頑張りすぎないでね」「つらかったら弱音を吐いてもいいよ」「すごく苦労したんだね」「きみがいてくれたおかげだよ」「気が利くね」「きみみたいなコ、初めてだな」などで、内面や存在に言及すると喜びます。

男性のほめポイントの「結果」と違い、「過程」がこだわりになっているのです。

女性は、「可愛いね」「キレイだね」とほめられて、嬉しくないわけではないもの の、いつも外見をほめられ慣れている人は、それほど嬉しくないものです。

そういう人には、内面の豊かさや未来の可能性を示唆してほめましょう。

「いろんな引き出しがあるね」「そのセンスで将来きっと飛躍できるね」などです。

男性が嫌う女性からの言葉

さて、男性が傷つき、気分を害する女性の言葉も押さえておきましょう。

それは、男としてのプライドをへし折るような言葉になります。

「男のくせに」「それって自慢?」「度胸ないね」「そんなの知ってる」「だから言ったでしょ」「それ、ダサいよ」「あなたの友達カッコイイね」「この店ね、実は前によく来てたの」などです。また、**男性は、女性に上品さを求めていますから、女性の汚い言葉遣いも嫌います**。「やべ!」「マジ?」「うぜー」などです。

女性が嫌う男性からの言葉

女性は、そもそも「オラオラ系で横暴」なタイプの男性が嫌いです。

「お前なあ!」などと、恫喝《どうかつ》するような乱暴な言葉は、その象徴ですから好意を

男女が“喜ぶ言葉”と“嫌う言葉”は？

男性	女性
•女性から言われて嬉しいのは…？	•男性から言われて嬉しいのは…？
男を立て自尊心をくすぐる言葉	**自分の内面や過程を評価する言葉**
「頼もしい」 「勇気ありますね」 「スゴーイ！」	「センスいいね」 「きみのおかげだよ」
•女性から言われてムカつくのは…？	•男性から言われてムカつくのは…？
男を見下す言葉や下品な言葉	**オラオラ系の横暴・自慢する言葉**
「男のくせに」 「だから言ったでしょ」 「ウザイよ」「ヤバイよ」「マジ？」	「テメー俺をナメてんのか？」 「昔は半グレでやんちゃしてたぜ」 「オレ、同期で一番出世してんだ」

男は「成果」、女は「過程（プロセス）」を重視してほめられたい

もてません。基本的に、不良ぶって粋《いき》がっている男は、モテないわけです。

また、そこまでいかなくても、自分中心タイプも、女性を大切にしない態度がアリアリなので、近づきたくない男性です。一般的に「自慢話の多い男」「武勇伝ばかり語りたがる男」「いつも批判的な男」「疑り深い男」「ケチな男」などは嫌われます。**女性は共感されないと安心できない性分です。男性は、上から目線で話さず、対等な立場で女性を守る、気遣いの言葉が肝《きも》になります。**

05

口説きの心理テクニック

~恋愛は「錯覚」の行動にすぎない~

告白を断られないために

意中の男性や女性とカップルになりたい場合は相手に告白し、相手がそれを受け入れてくれないとスタートできません。しかし、告白には勇気が要ります。断られたら傷つくからです。同じ職場の相手だとバツの悪い思いもします。取引先の相手だと、今後の接触がギクシャクしそうで困ります。

できれば、「イケそうな感触」を得てから、告白タイムに移行したいものです。

「イケそうか・イケそうでないか」チェック

「○○さんは、モテるでしょ？　付き合ってる人とか、いるんですか？」

相手の反応を探るには、この定番中の定番の質問をすればよいだけです。

- イケそうな場合…「いいえ、付き合ってる人なんていませんよ」
- イケない場合…「いえ、付き合ってはいませんが、憧れてる人はいます」

後者の反応は、「あ、告白する気かな？」と質問の趣旨を察し、告白されないようにガードを固めた可能性が高いでしょう。つまり、「脈なし」です。

前者であれば、「脈あり」ですから、次のような言い方でさらに反応を見ます。

「○○さんってすごく素敵なので、絶対に付き合ってる人がいると思ってました」

ここまで踏み込んで、相手がガードしてこないならば、「好反応」を得た——と解釈し、もはや思い切ってストレートに告白するよりないでしょう。

彼氏・彼女がいても大丈夫

ここで告白すべきなのは、たとえこの段階で断られたとしても、告白の対象者は、けっして悪い気がしないからです。こちらが一時落ち込むだけなのです。誰だって「好きです」と言われて悪い気はしません。むしろ嬉しいはずです。しかも、恋愛感情というのは、「性欲」をベースにした本能の錯覚にすぎないものです。本当は「この人とエッチしたい」という本能の欲望でしかないからです。恋愛感情を「純粋な愛」「奉仕愛」などと思っていたら、大間違いなのです。

実は、意中の相手が、すでに誰かと付き合っている——という場合でも、全く問題はないのです。「友達」になればよいからです。そしてチャンスを窺います。つまり、友達として意中の相手との距離を縮めていけばよいだけです。すでにお伝えしましたが、人は「大義名分」さえ与えられれば動くからです。「職場友

恋人のいる“異性”でもオトせるワザ

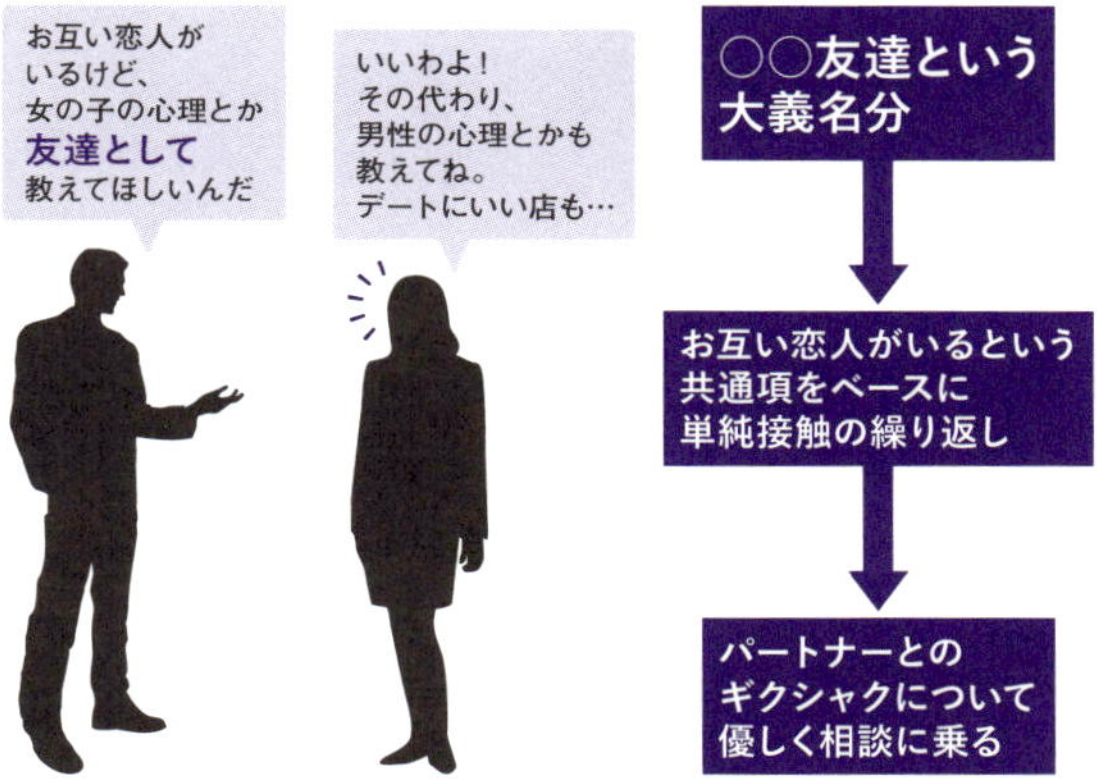
お互い恋人がいるけど、女の子の心理とか友達として教えてほしいんだ
いいわよ！その代わり、男性の心理とかも教えてね。デートにいい店も…
○○友達という大義名分
お互い恋人がいるという共通項をベースに単純接触の繰り返し
パートナーとのギクシャクについて優しく相談に乗る

達」「飲み友達」「メール友達」といろいろあります。相手を安心させるためには、自分も付き合う人がいると偽装し、パートナーネタを交換する手もあります。

そして、**ちょっとした相談や何かカンタンなことでの教えを乞う……などを繰り返し、ほんの短い時間でも「単純接触」を繰り返し、距離を縮める**のです。

恋愛は性欲の錯覚ですから、やがて相手もパートナーとの間で齟齬《そご》が生じます。

親しいあなたが優しく相談に乗るうち、新しい恋のスタートとなるわけです。

06

短期間で一気に仲良くなるコツ

～男女間の人間関係構築のポイント～

まずは知っておきたい「親密化過程」

仲良くなりたい人がいたら、同性・異性を問わず、次の段階を踏むことです。

①共通項・類似性の原理…お互いの出身地や趣味、好きなＴＶ番組など、何でもよいので、「あ、私もそう」「それ、同じ」などと似ているところや共通する話題を探します。互いに共通部分があると、すぐに仲良くなれるからです。

②相補性の原理…相手が苦手で自分が得意な分野、あるいは、その逆の事柄をお互いが認め合い、教えたり、助け合ったりすると、さらに仲良くなれます。

③自己開示…「実はね…」などと自分の秘密に属することなどを、お互いが開示し始めると、信頼感が増し、だんだん心を許し合う関係になれます。

この3段階は、「親密化過程」と呼ばれる、人と人とが親しくなっていく過程を客観的に辿ったものです。これを意識的に行えば、短期間で相手と親しくなれます。同性でも異性でも同じです。**接触する時間を長くとるより、会って話す時間は短くても、会う回数や連絡を密にする「単純接触」を行うことが大切**です。

TVや漫画も多用している「ゼイガルニク効果」

連続TVドラマや、連載漫画は盛り上がった時に、「次回に続く」となり、「この続きを早く見たい」と期待感が膨らみます。人と人との関係でも同じです。**話が盛り上がったら、「あ、もうこんな時間だ。続きはまたね」と言って余韻を残して別れるからこそ、また会いたくなります。**これを心得ておきましょう。

「好きだよ」と言い続けるのは……？

女性は、まったく知らない男性から、突然「きみって可愛いねえ、ぜひ、ぼくと付き合ってよ」などと言われても、「キモイ・ウザイ」と思うだけでしょう。「図々しい男」「下品な男」「チャラ男」といった悪印象を抱きます。

しかし、これを週に1～2回の割合で、1か月～2か月もの期間にわたって会うたびに繰り返されたら、どうなるでしょうか。

女性の脳には、「きみって可愛いねえ、ぼくと付き合ってほしいなあ」という一貫したメッセージだけが記憶に刻まれ、「図々しい・下品・チャラい」といった最初の悪印象のほうは薄れていくのです。そしてだんだん、「悪気はないヤツ」「面白いヤツ」といった好印象にさえ変わっていきます。

これが「スリーパー効果」です。最初の悪印象が眠ってしまうので、こう呼ば

チャラ男でも大丈夫な“スリーパー効果”とは？

時間の経過とともに初対面の悪印象が消え、真面目に愛を告げる好人物の印象へと変化する

れます。「単純接触」を繰り返されると、いつの間にか、テレビで流されるCM商品に親しみを覚え、スーパーに行った時につい手に取っていた――ということにもなるでしょう。こういうことが、対人関係においても起こるのです。

自分に興味のなかった異性に対しては、この手を使って口説くとよいわけです。

会うたびに、嫌われないよう注意して、一貫したメッセージを繰り返し送り続けると、実を結ぶ可能性は高いのです。

07

カップルが陥る心理的罠

～交際を長く続ける秘訣①～

「惚れた弱み」の注意点

特定の異性に対して、「お願いだから付き合って」などと土下座せんばかりに哀願することで交際が始まるケースがあります。お願いされたほうは、下手に出られたことに気をよくして付き合い始めます。こんなケースは注意が必要です。

カップルの一方が、他方に対して従属心・忠誠心をもちすぎるからです。

「別れたくない」という気持ちが強いあまり、とことん相手に尽くそうとします。

お金を次々貢いだ――、命令に逆らえなくなった――、暴力を振るわれても耐え忍んだ――こんな事例は実際よく聞きます。
交際をスタートし、いざベッドインまで持ち込んだなら、「対等の関係」で交際しなければなりません。相手のわがままを聞き入れてはいけないのです。

「最大の関心」は「最小の関心」を呼び込む

カップルの一方が相手に対して、「最大の関心」をもつと、相手からは「最小の関心」しか得られなくなります（最小関心の原理）。人間関係全般でも、実際はよくあることです。「惚れた弱み」が自分を弱気にさせ、相手を増長させることにつながるからです。夢中になって言いなりになるほど、相手はつけ上がります。

アイドルの心理も同じです。ファンから騒がれるほど、内心では増長していき、ファンを冷たく見下しています。それが証拠に、舞台裏では身内である「付き人」に傲慢な態度をとったり、暴力を振るったなどの事件も起こるのです。

嫉妬心を刺激して〝呪縛〟する

人は、自分が相手より「優位」にあると思えば、傲慢になり増長します。本能に潜む「支配欲求」が刺激され、「快」の状態だからこそ、そうなります。

それを抑止するには、相手に「優位性」を感じさせない工夫が必要です。

それは、こちらのほうも、いつでも別れられますよ――ということを相手に感じさせることです。それには、相手に「嫉妬心」を起こさせることが有効です。

ウソでも構わないので、「○○さんから告白された」などと漏らしたり――、異性の友達と親しげに笑っている写真を見せる――、SNSで他の異性と仲良くメールを交換している――など、時々さり気なく示してやればよいだけです。

誰かに奪われるかも――と相手に自分の存在価値の高さを知らしめることです。

もうひとつの方法は、あなたのほうが「わがまま」になることです。

“惚れた弱み”を逆転するワザ

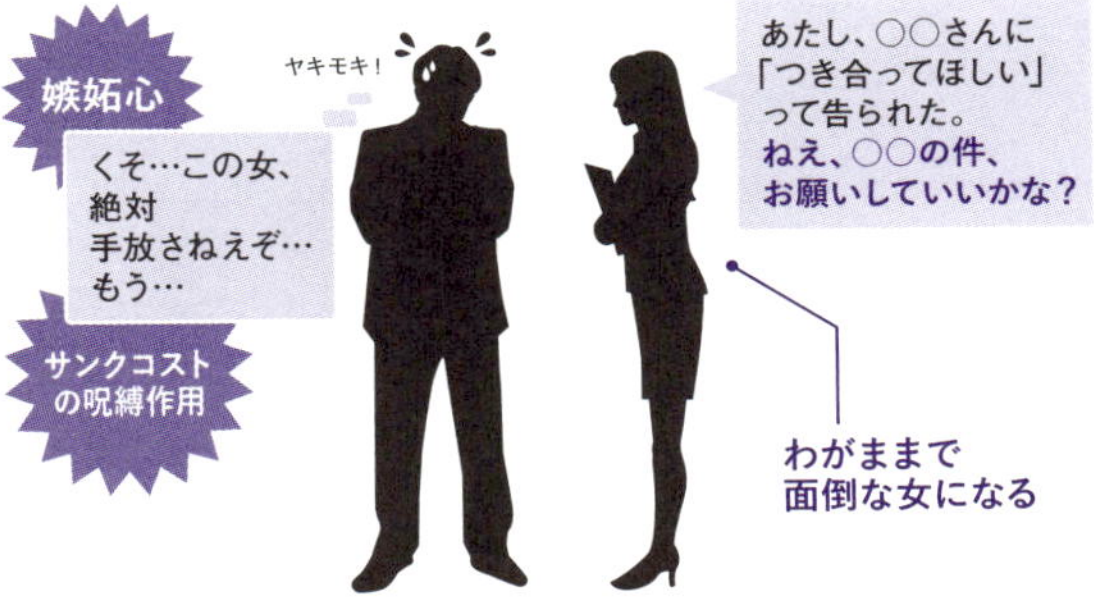

**「最小関心の原理」が逆転し、
相手が「最大関心」をもつようになる**

「○○で困ってるんだけど、何とかしてくれないかな?」とカンタンな頼みごとを引き受けさせ、それなりに感謝します。次いで、だんだん面倒な頼みごとをしていきます。一度カンタンな頼みごとに応じると、次の少々ややこしい頼みごとでも、引き受けてしまうのが人間です（一貫性の原理といいます）。こうして手間のかかる人になっておくとよいのです。**いろいろ手間をかけたぶん、手放すのが惜しくて別れられない人になる**からです（サンクコストの呪縛・35頁）。

08

男女コミュニケーションの理想形

～交際を長く続ける秘訣②～

男性の大半が犯す過ち

カップルの間で、デート中に次のような会話になることはありませんか。

男「どうしたの？　浮かない顔しちゃって…、会社で何かあった？」
女「そうなの…。うちの村山課長が、またテキトーやってくれたのよ…」
男「また？　例の村山課長か…。今度のテキトーってのは、どんなこと？」
女「あたしに渡したデータの数値が間違ってたので、集計のやり直しになったの」
男「へー、元のデータをよく確認せず、きみに渡してたわけだ。杜撰《ずさん》なヤツ…」

女「決算で忙しい時に、やり直しだなんて、ホント、困っちゃうわ…」
男「あのねえ、相手はテキトー男だろ、きみも間違ってないかを確認して…」
女「そんなことやってるわ（怒）。でも課長が、間違いないって言うんだから…」
男「そこだよ。信じちゃダメなんだよ。甘いよ、自分でチェックしなきゃ…」
女「うるさいな！（怒）。どうせ学習能力ないわよ（怒）。アタシもう帰る！」

女性は怒って帰ってしまい、男性は茫然自失になります。せっかく「解決策」を示したつもりが女性を怒らせる結末になり、何だかヤブヘビだからです。

女性は、「へーそうだったの。それは大変だね」と男性から共感を示してほしかっただけなのに、男性からの自明すぎる「解決策」がウザかったのです。

男女の会話ではよくあることですが、男性は「解決策」や「結論」を示したがります。しかし、それが一番の男女のコミュニケーション不全の原因なのです。

女性の話には、男性はひたすら「共感」して聞いてあげるだけでよいのです。

「ミステリアス効果」「ギャップ効果」を使う

男女のコミュニケーションにおいては、もうひとつ注意点があります。

お互い好きな相手には、何でも自分のことを話してしまう――ということです。その結果、何でも相手のことを知っているので、相手にミステリアスな部分が何もない――ということにもなりかねません。これは諸刃《もろは》の剣でもあるのです。

何でも知っていると安心できますが、やがて相手への興味・関心が薄れる原因にもなるからです。**男性は付き合いはじめに、女性への興味・関心のボルテージが高まります。次第に相手のことを知れば知るほどボルテージも下がります。**

女性はその逆で、じわじわと幸せを実感するにつれボルテージを高める傾向があります。「釣った魚には餌をやらない」傾向が、男性に多いのはこのためです。

恋愛期間中は、できるだけ新鮮さが望ましいので、自分に関わる秘密の情報は、

男と女の円滑なコミュニケーション術

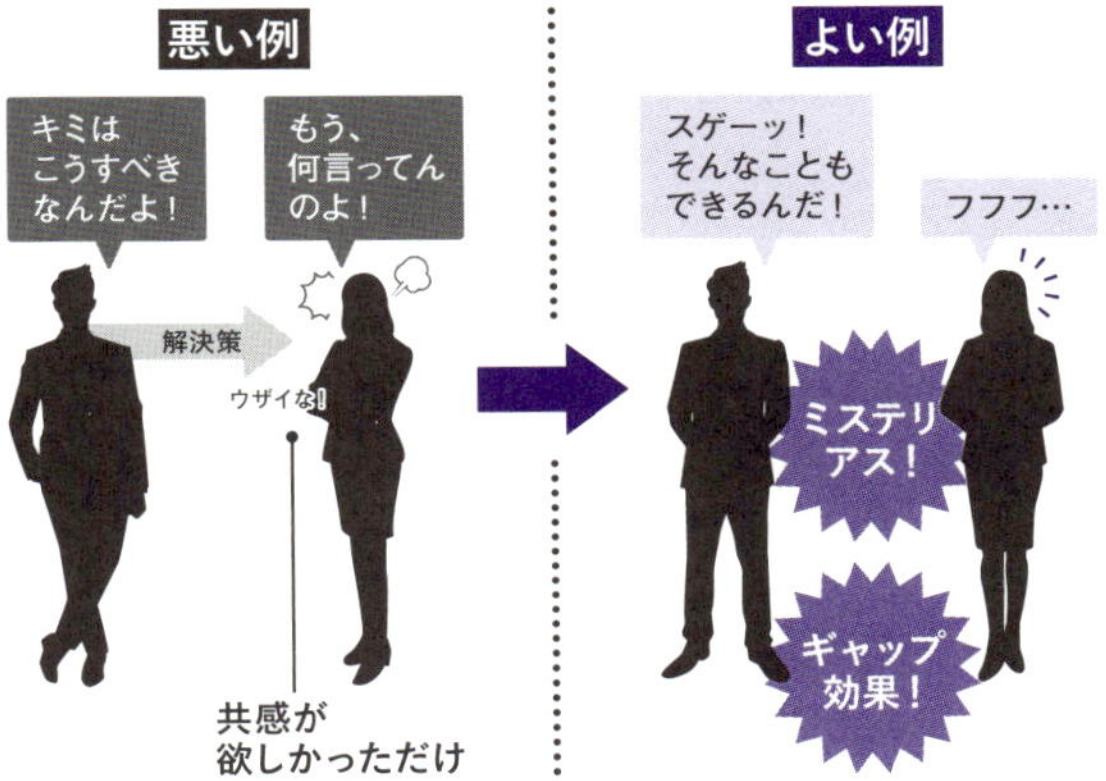

小出しにし、ミステリアスな部分を秘めておくほうがよいわけです。

たとえば、デート中に外国人から道を聞かれ、女性が流暢《りゅうちょう》に英語を話しだしたら、男性は驚きます。「英会話が得意なんだ、すごいじゃん」と新たな魅力の発見に、相手への価値の再評価もなされます。これが、マンネリ化をも防ぐのです。

「特別」と「普通」との落差が大きいほど影響を受けるでしょう。これが「ギャップ効果」で、新鮮なイメージをもたらす鍵にもなっているのです。

09

男と女の認識ギャップ

～男と女は心理的にこんなに違う～

高価なプレゼントは無意味？

男性は、好きな女性に、高価なプレゼントをしたがります。

女性への恋のボルテージが高いほど、その証として、高価なもの、ビッグなものを贈りたがるのです。水商売の女の子に溺れたサラリーマン男性が、会社の金を何千万円も横領し、贈り物を貢ぎ捕まった――などという事件はよく聞きますが、女性はそんな事件を耳にして「バカじゃないの？」――と笑います。

しかし、男性心理はこういう習性を本能的にもっているのです。

キャバ嬢などは、そうした心理によく通じています。男性スタッフが教えてくれるせいもあるでしょうが、**「容易に口説けそうで、口説き落とせない存在を目指せ!」などと発破をかけられ、獲物を追いかける男性の狩猟本能を刺激し、引っ張りまくる**のです。すると、男性は口説きたいあまり、自分の恋のボルテージの高さを認めてほしくて高額プレゼント攻勢をかけます。キャバ嬢はそれを次々現金化しますが、はじめから現金でくればいいのに——などとも思うでしょう。

しかし、男性はロマンチックな夢を見て、憧れの女性がより引き立つプレゼントのほうが自分の純粋な思いにふさわしいと思っています。男性の心には、こんな少年のような純朴さがあり、自分の思いをドカンと女性に届けたいわけです。

しかし、「わあ、ありがとう。嬉しい。大好き!」などと喜んでくれるのは、その時だけです。女性の心は余計に冷静になり、計算高くなるだけだからです。キャバ嬢を口説こうと貢ぎまくっている男性は、早く目を覚ますべきでしょう。

男性の恋のボルテージはどんどん低くなるもの

カップルの男性でも、付き合いはじめは、こういう心理がはたらきます。ドカンと豪華旅行を企画したりして、彼女が大喜びする笑顔が見たいからです。そして、男性はしたり顔となり、やがて、「釣った魚にはエサをやらない」状態へと突入していきます。女性への恋のボルテージも下がるからです。

女性は時々、そんな男性におねだりします。男性もそれに応えるべく、渋々重い腰を上げて、何かドカンと響くプレゼントでも——と考え実行しますが、またそれっきりになりがちです。サービスは長続きしないわけです。

男性は一点豪華主義、女性はこまめなサービスが好き

男性は、一点豪華主義です。大いなる勘違いをしているからです。**大きなイベ**

どでかいプレゼントよりこまめなサービス

ントさえあれば、あとはしばらく何もしなくとも女性は男性の愛情を感じ続け喜んでくれる——と思っています。男性は考えを改めたほうがよいでしょう。

一点豪華主義はお金もかかるし、女性はその時だけしか喜ばないからです。

女性は、暑い日にアイスクリームを買ってきてくれた——、自分が好きそうなTV番組を録画しておいてくれた——といった日常的な何気ないサービスにこそ、持続的な深い愛情を感じ、喜びもひとしおとなるからなのです。

10

意中の異性を振り向かせるワザ

～自分に興味を持たせる「似た者同士」効果～

周囲が見えなくなる心理学的現象

自分が買いたいな――と思っているクルマがあると、街中を走る自動車の中でも、そのクルマばかりを発見し、「やっぱり、いいなあ」などと思います。

何かのことが気がかりでいると、そのことばかりに思考が向いて、他の大事なことの変化に気づかなくなり、とんでもない失敗をやらかした――という経験もあることでしょう。

何かに惹きつけられる思いがあると、そのことばかりに目が行き、他のものが眼中になくなる――という、こうした現象をスコトーマ（盲点）と呼んでいます。

職場に好きな異性がいると、ついつい、その人のことを盗み見ている自分に気づいたこともあるはずです。そんな時は、恍惚《こうこつ》状態で、その人だけに視線が集中し、自分が誰かに見られていることさえ、気づかない状態に陥ります。

「きみって、○○さんのこと好きなんでしょ？」などと言われると、ドキッとして何でそんなことがわかるのか――などと怪訝に思いますが、それは自分が誰かに観察されていたことに気づかなかっただけなのです。

誰かをじっと観察していると、その人がどこをよく見るかで、興味や関心のあるなしが如実にわかります。**上司に可愛がられている部下は、上司のほうをよく見ていますし、上司に怒られることの多い部下も、上司のほうをよく見ている**ものです。誰が何に一番関心があるのかがわかります。同時に、それ以外のものが見えなくなっている――というスコトーマ状態にも陥っているわけです。

「似た者同士」と錯覚させる

こうしたスコトーマ状態は、誰にでもありますが、憧れの異性が自分をスコトーマにしていたらショックです。むしろ、自分を意識させる方向にもっていきたいでしょう。スコトーマを外させ、こちらを意識させる方法を紹介しておきます。

心理学の「カクテルパーティー効果」の活用です。カクテルパーティー会場などでは、話し声が騒々しくて、目の前の人と話をするのが精一杯ですが、どこかで自分の名前や話題が出ると、その方向に気づき、誰が自分を話題にしたかまでがわかります。これは聴覚効果ですが、これを視覚効果で応用すればよいのです。

まずは、**同じ職場にいる憧れの人の机をよく観察し、自分の机もそれとそっくりな状態にする**ことです。当の憧れの人は、こちらの机の前を通るたびに「アレ？何だか自分のと似てるな」と視覚のカクテルパーティ効果が発揮されていきます。

スコトーマを外して恋愛へ

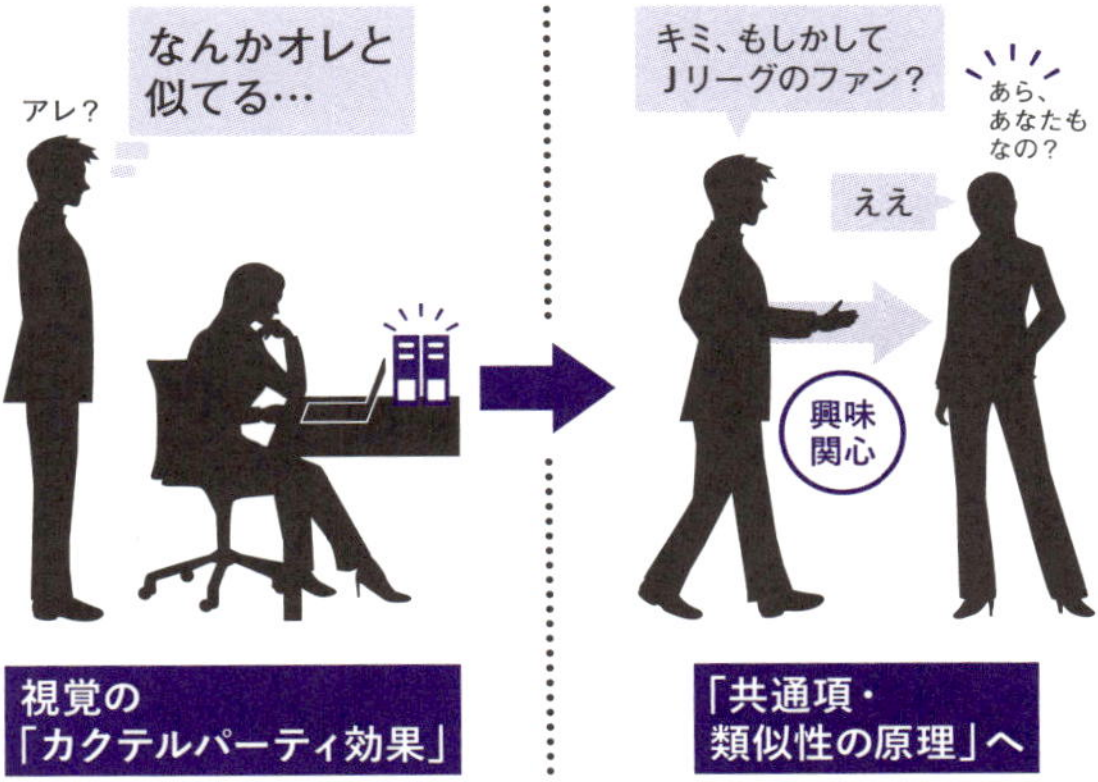

憧れの異性の机に、ポッキーの箱が無造作に置かれることが多ければ、こちらも同じポッキーを用意します。Jリーグチームの卓上カレンダーがあったら、こちらもそれを入手します。憧れの異性が好んでする話題も、聞き耳を立てて覚え、こちらも相手が聞こえる場所で話題にします。すると、**数日もしないうちに憧れの異性のほうから、「きみもこういうの好きなの？」などと話しかけられます**。

自分と共通項をもった「似た者同士」となり、どんどん仲良くなれるのです。

11

女性心理に潜む秘密

～上手にエッチに誘うコツ～

男性は「性欲第一」、女性は「ロマン第一」

憧れの女性とデートが楽しめるようになると、多くの場合、男性の重大関心事はその女性とどうやったらエッチにもちこめるか――になります。

ねえねえ、今日ホテル行こうよ――などと男性から気安く誘われると女性は、ガッカリするだけでなく、たちまち警戒心を強めます。**やみくもな誘いは、「体だけが目当て」「ガツガツしている」「下品」「低級」に見える**からです。

女性は、男性からつねに夢見るような、ロマンチックで心地よいムードを作ってほしいと期待しています。ゆえに男性が「性欲」に走ると、女性は引くのです。

「ホテル」は禁句

そもそも女性を誘うのに、「ホテル」という単語そのものがタブーなのです。

女性は、男性とエッチしたくても、そんな単語は一切出てこないでしょう。はしたないし、恥ずかしいからです。カッコ悪く、下品に思われたくないのです。好きな男性の前だからこそ、気高く上品でありたいし、男性からは、自分を大切な貴重品のように扱ってほしいのです。

女性のＯＫサイン

男性に心を許しはじめた女性は、いくつかのＯＫサインを出しはじめます。
男性はそれを鋭く見極めなくてはいけません。ＯＫサインは、様々な状況で示されます。

「ボディタッチが増える」「手をつなぐのも平気」「お互いの手相を見比べる」「家族や身内の話をする」「悩みを打ち明ける」「自分の秘密を語る」「間接キスとも言える食べ物や飲み物の共有が平気になる」「メールの返信が早くなる」「長電話になる」「弱音を吐く」「食事などを気軽に誘う」「甘える」「男性の好きなモノや趣味などの話題が増える」……などです。

自然な流れで誘うポイント

男性が女性をエッチに誘うには、次のように「自然な流れ」でのシチュエーションを作らなければなりません。

★「きみと、もっと一緒にいたいよ」とデートで粘り、終電を見送ったのちに、「困ったな、どこかで休もうか」と誘う。

女性をスマートに「エッチ」に導く

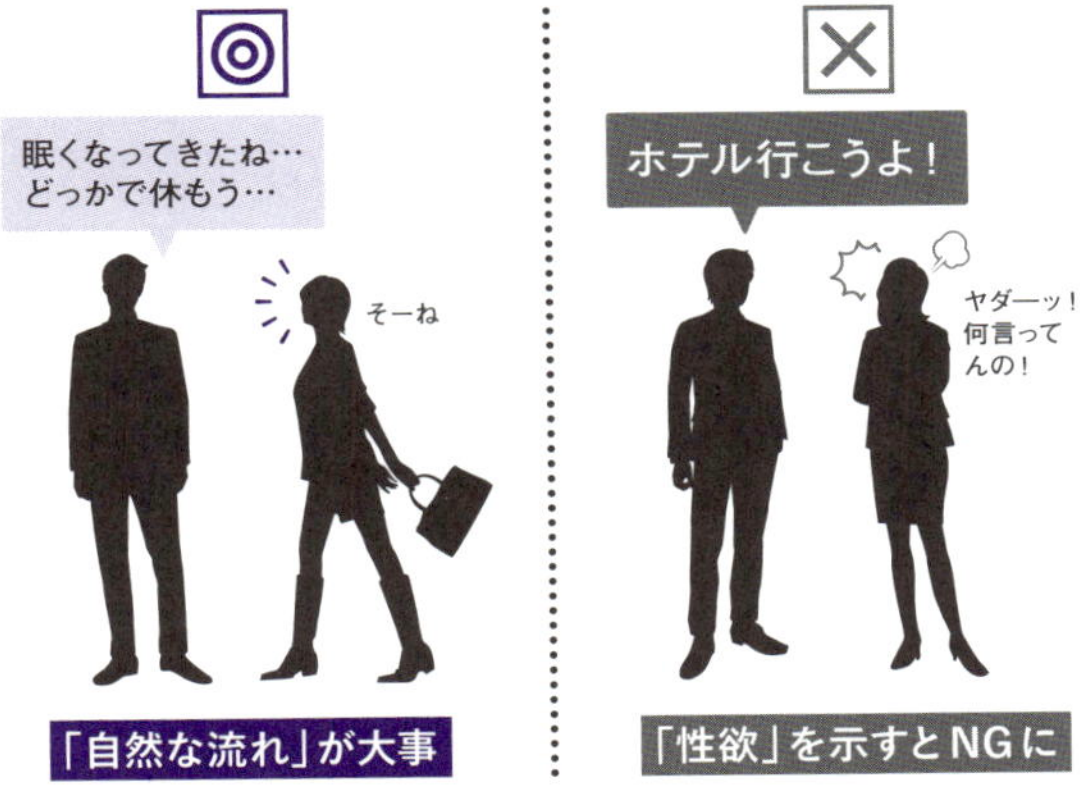
◎
眠くなってきたね…
どっかで休もう…
そーね
「自然な流れ」が大事
×
ホテル行こうよ！
ヤダーッ！
何言ってんの！
「性欲」を示すとNGに

★「たまには、うちで飲もうか」と家飲みを提案し、そのままの流れを作る。

★「朝まで飲もうよ」と誘い、途中で「疲れて眠いね」と頃合いを見て誘う。

★ドライブに行き、「きみと飲みたくなった」と提案し、「飲むと運転不可だから泊まるね」と誘う。

このように、**自然な流れでホテルに行くことになった——という状況設定を行う**ことが、女性との「初めてのエッチ体験」には求められるのです。

column

人を好きになるのはなぜ？「好き」と「嫌い」のメカニズムを知る（その3）

「嫌いな人」から「好きな人」に変わるケースがありますが、それはどんな場合でしょうか。好きか嫌いかを判断するのは、あくまで自分の相手に対する印象にすぎません。印象と実体が違うことは、往々にしてあることです。したがって、相手への悪印象が好印象に変わる場面があれば、とたんに「嫌いな人」も「好きな人」に変わります。

意地悪ばかりしてくる人が、急に親切になったら嫌いではなくなり好意をもちます。あるいは、頼りないヤツと軽蔑していた人が、意外に頼れる人とわかれば見直して、好感を抱いたりするわけです。これがギャップ効果です。

したがって、自分が嫌われていると思う人と仲良くなるには、自分が嫌われている理由を探り、そうでない自分を演出すればよいわけです。自分を嫌っている人には、第三者を通じ、さり気なく理由を聞いてもらうとよいでしょう。

それが難しければ、自分の多面性を相手にできるだけ多く見せる機会をもつとよいのです。

また、自分が誰かを嫌ってしまうと、「返報性の原理」がはたらき、相手からも嫌われます。これを避けるためには、日頃から相手のよい面を積極的に探し、好意をもつ努力が大事です。よい習慣は、人間関係を劇的に好転させます。

chapter 4

ピンチがチャンスに変わる心理術

01

ライバルや敵を窮地に追いやる

～不安心理を手玉にとるテクニック～

マイナス情報の噂で攻める

　職場や学校で、いつも自分より優位に立っている人物が、こちらに向かって横柄なクチを利いた上に、自分を追い越し、先を行かれる時は、「くそっ、コイツ、今に覚えてろよ！」と内心舌打ちするでしょう。

　そんな得意気な人の鼻を、さり気なくへし折るワザがあります。

相手「よお、お前、まだ残業かい？　オレな、ついに、今日これから経理の中山ミッちゃんと二人で飲みに行くんだよ。どう、うらやましいだろ？」

自分「ほう、よかったな。でも中山さんはお前のコト、本音は嫌ってるはずだよ…」
相手「えっ？　何でだよ？　嫌ってるわけないだろ。今から飲みに行くんだぜ」
自分「いや、そういう話を前に人から聞いたんだ。気にするなよ。ただの噂だ…」

これだけです。これだけですが、相手の胸中には不安が広がります。

何で中山さんがオレを嫌ってるんだ？　まさか、そんなはずはない…、これから飲みに行くのに。でも、どうしてそんな噂が流れてるんだ？——となるのです。

憧れの人との楽しいデートのはずが、疑心暗鬼の塊《かたまり》になって臨むことでしょう。

自分にとってマイナスの噂が流れている——ということほど、人を不安に陥れるものはないのです。38頁で紹介しましたが、「他人の言葉で伝える」と信憑性が増すからです（マイ・フレンド・ジョン・テクニックといいます）。

「お前、性病で病院通ってるのか？」などと聞かれただけでも動揺するでしょう。

噂の発信源を問われても、「いや、誰だったかな、えーと…」で誤魔化します。

唐突に「指摘」して動揺させる

自分の悪い噂が、一人歩きしていると知るや、人は不安に駆られます。自分ではどうすることもできない時――人はきまって悩むからです。

よい評判の噂なら、たとえそれが誤解であってもウキウキするのに、悪い噂だと、「何で？　どうして？」とたちまち動揺し、混乱させられます。

こういう思いがあると、目の前の事柄にも集中できなくなるのです。プレゼンの順番を待つライバルに、「きみって、歌舞伎町で変な店に出入りしてない？」などと、妙な目撃情報を問うだけで、「えっ？　私がですか？　それ、何のことです？」などと驚き返すでしょう。「いやあ、相当ヤバい店…と。いや、ちょっと噂で聞いただけですから…」などと口ごもってしまえば相手はますます動揺するはずです。自分のプライド、信用、名誉、品性、格調……といったものが瞬時に揺

ライバルを蹴落とす“禁断のワザ”

「自分に関わる悪い噂」が流れていると知るや… → 動揺！ → 目の前の事柄に集中できなくなる

らぎ、これからプレゼン攻勢をかけよう——という気勢も殺《そ》がれるのです。

まさに、ライバルを奈落に突き落とす——ヤバすぎる禁断のワザなのです。

悪い噂でなくても、相手の顔の異変などへの唐突な「指摘」でもよいのです。「アレ？　顔色が変ですよ」「目が充血してませんか？」「ニンニク食べた？」

イヤミな相手などは、これで撃退してやれます。異変がなくても、自分で気づかない部分を他人から指摘されると、人は不安で気が気でなくなります。

02

ウソがバレそうになった時の巻き返し

～相手の疑いを逆手にとる～

逆質問で時間を稼ぐ

ウソがバレそうになった時に慌てると、相手は余計に疑念を深めます（28頁）。「なぜ、そう思うのですか？」と冷静に逆質問をし、時間を稼ぐのが正解です。

相手「先日御社から貰った書類に、うちでなく、S社向けの20％引きの請求書が紛れてましたよ。どういうこと？　うちは10％引きなのに」

自分「うちが、S社さんに20％引きで製品を納入していると疑念をもたれたのですね？　なぜ、そう思われたのですか？（ゆっくり落ち着いて問い返す）」

相手「だって、これが動かぬ証拠でしょ。値引き率20%って書いてあるしね」
自分「書いてあったからといって決めつけるのは、どうしてですか？」
このように、**「なぜですか？」「どうしてですか？」と逆質問で切り返し、相手がそれについて答えるうちに、頭をフル回転して合理的言い訳を考えます。**
自分「これは値引きでなく、誤入金されてた分の戻しが加わっただけなんですよ」
「値引き」でなく、「戻し分」だと言い張れば、納得せざるを得ないでしょう。

「状況の変化」で誤魔化す

上司「確実と言ってたP社との契約はまだか？　まさか没じゃないだろな？」
ここで「没になりました」と言えば、ウソをついたことになり叱責を浴びます。
自分「実は、Q社からダンピング攻勢を仕掛けられ、交渉は難航しています」
まだ交渉中で「状況が変わった」と悲観的見通しにすればウソでなくなります。

事実誤認だったことにする

「ウソを認め、いま謝ったら許すよ」などとすかされても白状するのは禁物です。それこそウソの誘導だからです。ウソだったと白状したら袋叩きに遭います。

事実関係の誤認だった——とトボケて、ウソでなかったことにしましょう。

キャバ嬢「もうすぐあたしの誕生日だけど、バーキンくれるってホントなの?」

お客「いやあごめん。バーキンがあんなに高いとは知らなかったんだよ」

不可抗力だったことにする

女「結婚して子供もいるのに、よくも騙したわね。結婚するなんて大ウソついて!」

男「女房・子供のことを隠したのは悪かった。でも、素敵なきみと付き合うためには仕方がなかったんだ。それに妻と離婚する予定だったけど、妻が大病を

ウソがバレそうになった時の“対処法”

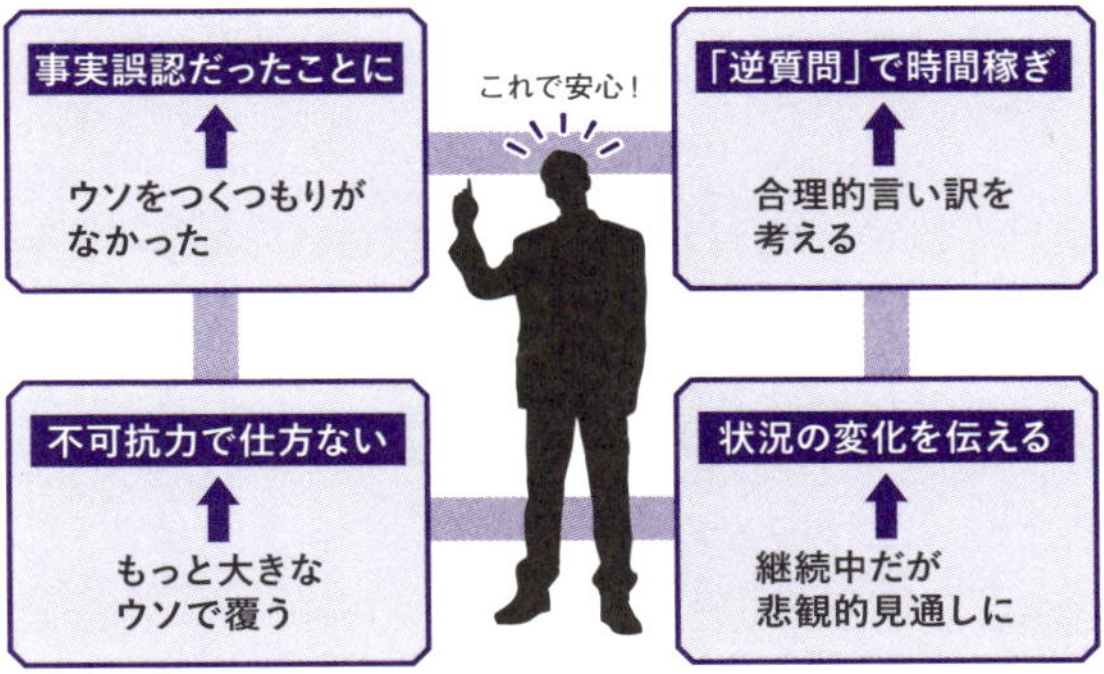

「ウソをついた」という“罪の存在”を帳消しにする

患って余命3年になってしまって別れるわけにもいかなくなったんだ。だけど、妻は地方の大地主の一人娘で、その両親も要介護で入院中だ。このまま籍を入れておけば、相続財産が僕と息子にも入るわけだよ。きみと結婚するのは、それから先のほうがハッピーだと思わないかい？」

このように、さらに大胆なウソをついておけば、問題先送りですが、当面のジタバタは防げます。不可抗力でウソも仕方がなかったという形式です。

03

多勢に無勢の状況を打破する

〜自分の意見に肯定的な状況の構築法〜

上手に反論するコツ

会議の席で、A案とB案が討議され、A案が賛成多数で決まりそうな時、B案を盛り返し、もう一度検討を加えさせたい時にはどうしたらよいのでしょうか。

こんな多勢に無勢の状況下では、「わたしはA案に反対です。B案に賛成の理由は…」などとぶち上げても、A案賛成派からの総攻撃を食らって撃沈されてしまいます。

こんな時には、次のように言えばよいのです。

「わたしも皆さんと同じく、A案に賛成です。ただ、少し気になる点がまだあるので、B案の○○の部分も捨てがたく思っていますが、いかがでしょうか?」

こう言えば、総攻撃を食らって、一気につぶされることはなくなるでしょう。

多勢に無勢の状況下では、たとえ本音は少数派側であったとしても、多数派に与《くみ》するフリが、多数派からの反撃を防ぎ、自分の意見を主張する要《かなめ》になるのです。

上司から命じられる仕事の内容の場合でも同じです。

「それって、おかしくないでしょうか?」などと、異論を差し挟むと、上司はへそを曲げます。可愛くない部下として、上司の覚えはめでたくなくなるでしょう。

異論がある時には、「承知致しました。ところで、ひとつ質問があるのですが」と上司の命じた内容を、いったん肯定的に受け止めてから、疑問を感じる点への質問をすればよいのです。ただし、質問は1つ、2つまでで、上司が意見を変えなければそこまでです。質問が多いと反論していることになるからです。

少数派でも大きな影響を及ぼせる

心理学では「マイノリティ・インフルエンス」という理論が知られています。

少数派が、多数派の意見を変えさせるケースとして、具体的には「モスコビッチの方略」と「ホランダーの方略」の2つがあります。

「モスコビッチの方略」は、少数派が一致団結し、具体的かつ現実的な意見を一貫して唱えると、多数派の中からも「そう言われると、少数派の意見ももっともだな」と賛同する人が増えていく——という現象です。

少数派の結束、意見の合理性、意見の一貫性などが、付和雷同的に多数派を形成していた人たちの目を覚まさせるからです。

会議に臨む時、デモ行進をする際に、たとえ少数派であっても、こうした一致団結のコンセンサスをしっかり形成していれば、大きな影響力を及ぼすのです。

多勢に無勢の状況を“逆転するワザ”

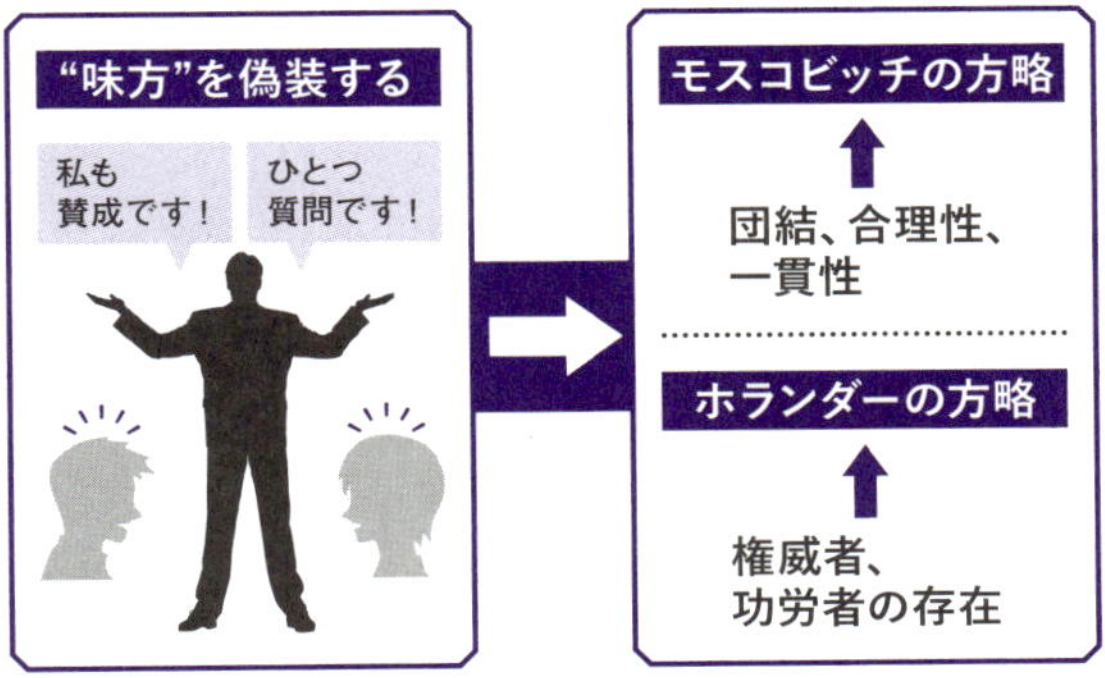

少数派でも多数派になれる原理

「ホランダーの方略」は、**過去に組織の中であるいは世間で大きな貢献をしたことのあるリーダーが少数派の中にいると、「この人がそう言うなら間違いないかも…」とだんだん多数派が切り崩され形勢逆転する**——という現象になります。

つまり、少数派の人達が、多数派の人達を逆転していくためには、一致団結し、組織の功労者を味方に引き入れる、外部から専門家を招いて証言させるなどの手を使い、自分たちの意見の合理性を一貫して説得すればよいことがわかります。

04 反発・反撃を回避するコツ
～「安定しない報酬」を巧みに使う～

人を追い込んだままにしてはいけない

パワハラと思えるような厳しい叱咤で部下を追い込む上司の前に出ると、部下はいつもビクビクしています。いつ怒りを爆発させるかわからないからです。

上司「おい山下、今月の成績なかなかいいじゃないか。何でだ？」
部下「えっ？　あ、あのう、たまたま…タイミングが合って売り込んだら…」
上司「何？　お前の今月の成績は、たまたまの偶然でよくなったというのか？」
部下「あ、いえ…（汗）、えと…いちおう業種を絞ってたので、反応もよくて…」

上司「そうか、戦術が功を奏したんだな。それはよかった。今夜はお前と二人で祝勝会をやろう。キャバクラにも連れて行くぞ。今晩空いてるか？」
部下「はいっ！　ありがとうございます。空いております！」
この上司は、非常に人使いがうまいことが窺えます。
部下を厳しく追い込むだけでなく、緩急を効かせて褒美も与えているからです。

厳しい交渉をしたままではいけない

交渉事でも、大手は相手先が自社の下請けだと、厳しい要求を突き付けます。
「もっと値下げして納品しろ」「消費税分は負けろ」などです。
いつもこれだと「やってられるか！」と下請けは、いずれ離反も考えます。
そこで、**賢い大手は、時々下請けにも甘い汁を吸わせて懐柔する**のです。
弱者を追い込んだままでは、いつ反発、反撃されるかわからないからです。

人は「安定しない」報酬に喜びを見出《みいだ》す

これらの例は、心理学理論の「不定率強化」がはたらいている関係と言えます。

厳しい要求をこなすことによってもたらされる安定的で確定的な報酬ではなく、安定していない不確定な報酬（ご褒美）によって、部下も下請け企業も喜びを享《きょう》受《じゅ》し、上司や大手元請けに従っているからです。**人は、いつも安定的な報酬よりも、不確定にもたらされる報酬（ご褒美）に「がんばろう」と意欲をかき立てられ、その報酬に喜びを見出します。**ギャンブルに嵌《はま》るのも、これが原因なのです。

恋愛にも使える「不定率強化」

恋愛にも使えるのが、この「不定率強化」の理論です。

いつ相手にメールしても、3分以内にメールが返ってくるという関係のラブラ

人の心理は「不定率強化」で手玉にとれる

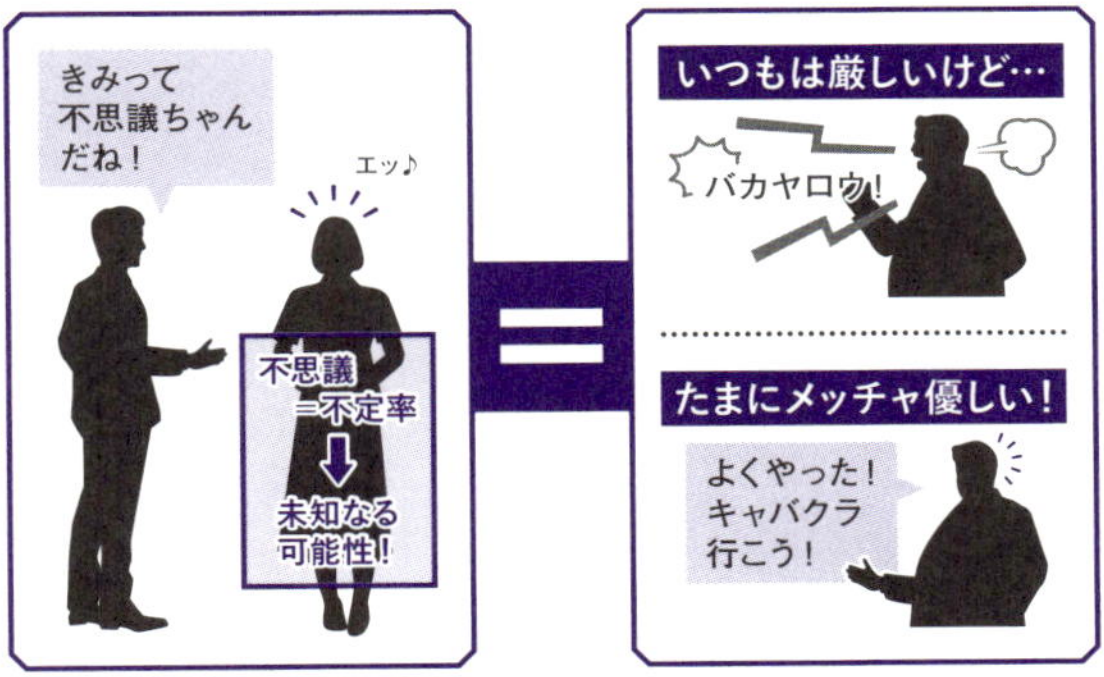

安定した“報酬”よりも、不確定な“報酬”が嬉しい

ブカップルも、時間の経過とともにマンネリに陥りかねないでしょう。

マンネリ打破の意味でも、時々、メールを返すのを意図的に遅らせたりすると、相手は「どうしたのか？」と不安になり、しばらく経ってから「メール遅れてごめーん」などと打ち返すと安心します。こうやって相手に刺激を与えるわけです。

「きみは、不思議な存在だね」などと、メールで伝えるのも相手を喜ばせます。「不思議な存在」＝「不定率」なので、自分の未知なる可能性が刺激されるからです。

05

パワハラ・セクハラの抑止法

～潜在意識の恐怖心理を刺激する～

無抵抗人間がターゲットに

上司などから理不尽なパワハラに遭う人は、たいていタイプが決まっています。抵抗してこないタイプの人です。そういう人は狙われやすいのです。

キレると凶暴なイメージのある人、ガタイが大きくケンカも強そうな人などには、上司も怖くて暴力的発言はできないでしょう。

あるいは、次のようなセリフを返せる人にも、パワハラは行えないものです。

「それって、パワハラ発言じゃないですか！」

「部下に向かって、死ね！　ですか？　それ、どういう意味でしょうか？」

こんな言葉を冷静に口にできる人には、パワハラ上司も、部下の堂々として落ち着いた態度へとペーシング（ペースを合わせる）せざるを得なくなります。

パワハラ抑止法の極意

暴言が次々飛んでくる時には、冷静にゆっくりと、「そういう暴言はやめていただけませんか？」と勇気を奮って一言発しなければいけないわけです。

さらに続けてきても、ひるまずに「やめてください」と冷静に告げることです。

毅然として、動じない態度の人間を前にしては、暴言は続けられなくなります。

あるいは、職場の同僚が束になり、「パワハラ発言をやめてください」と記した署名文書を一枚突き付けるだけでも効果があります。人は「みんなの総意」として伝えられると、それに逆らえなくなるからです。「全員一致効果」と呼ばれます。

セクハラへの抑止行動

セクハラを行う人も、パワハラ上司と同じく、ターゲットに狙うのは「抵抗してこない人・抵抗できにくい人」です。職場で、「きみ、いいスタイルしてるな」「きみ、セクシーな脚してるな」は、ほめ言葉のようですが、H目線での評価にすぎません。こういう**軽はずみな発言を、照れ隠しで笑ってスルーしていると、だんだんエスカレートします。これぐらいのH発言なら、許されると相手は勝手に思うからです。**パワハラ同様ここでも「そういう発言はやめてください」とクギを刺すことです。そうすれば、この段階で、こうした発言はやむからです。

では、たまたま上司と二人っきりで個室居酒屋などでアルコールが入り、上司がにじり寄ってきたり、占いにかこつけ手を握ってきたら、どうすべきでしょう。

上司であろうと、遠慮せずにビシッと手を叩くなり、はねつけることです。

パワハラ・セクハラの抑止法

セクハラ		パワハラ	
1	「やめてください」とクギを刺す	1	抵抗するタイプと思わせる
2	遠慮せずに相手の手を叩く	2	冷静な態度のこちらへページングさせる
3	「録音してる！」と脅す	3	結束して“申し入れ”をする

抵抗しない人間が狙われ、相手は増長しエスカレートする
他にも、突然大声で「何でだーっ！」と大声でわめく、泣き出すなどのエキセントリックな態度をとることでも抑止効果がある

これだけで、拒絶の意思が明確に伝わり、ドキッとして目が覚めるからです。

それでもやめずに、口説いてきたり、キスを迫ってきたなら、はっきりと「やめてください。全部録音してますよ！」と毅《き》然《ぜん》と言い放つことです。

これで酔っぱらったエロ親父でも、我に返るはずです。危ないエロ親父と二人きりになるような場面では、あらかじめスマホやボイスレコーダーを忍ばせ録音しておくことです。

06

相手に拒絶させなくするワザ
～潜在意識の習性を利用する～

小さなお願い事からはじめる

人は、「立場が上の人」「好きな人」「気の毒な人」からのお願い事は、断りにくい気持ちになります。嫌われたくない相手だからです。反対に、そうでない人からの依頼だったらカンタンに断るでしょう。応じるのは負担だし面倒だからです。ただし、こうした人たちからの依頼でも引き受ける場合があります。小さなお願い事――すなわち「極小依頼」です。職場で、「ちょっと、○○を貸してくれませんか」「ちょっとコレ教えてほしいのですが」といった類《たぐい》のお願い事です。

小さなお願い事は、それを断るのも、面倒でストレスになるからです。

ところで、先述したように、**人はいったんOKすると、続けて追加の依頼にも応じてしまう習性があります**。これは「一貫性の原理」と呼ばれる現象です。イエスと応じたら次もイエスとなり、反対に、ノーと断ったら次もノーと断るのです。自分の決めた方向を首尾一貫させるのが自分の信用をも守るからです。

要求を断られないようにするには、極小依頼から入るとよいことがわかります。

自分「○○さん、すみませんけど、資料の封入作業を手伝ってくれませんか？」

相手「いいですよ。300部ぐらいありますね。三つ折りで入れるのですね？」

自分「はい。あの、ついでに封筒の糊付けと差出人のハンコ押しもいいですか？」

相手「え？　あ…ああ、いいですよ…（結局、コレ全部の作業だな…）」

少しずつ依頼のハードルを上げていっても通ります。最初から全部をお願いすると断られそうな場合に使える「段階的依頼法」と呼ばれるテクニックです。

わざと断られて要求を通すワザ

どうしても通したいお願い事は、断られたら大変です。とりつく島がなくなって大ピンチになります。そんな時には、次のような方法をとるとうまくいきます。

自分「うちの来月発売の新製品ですが、こちらの棚を全段お借りして、大々的に新製品キャンペーンを展開したいのです。よろしいでしょうか？」

相手「えっ？　この棚を全段使うんですか？　そりゃ無理ですね。困ります」

自分「ええーっ！　だ、駄目ですか？　うわあ……困ったな（ガックリ）。あのう、じゃ、せめて上の3段だけでもお貸しいただけないでしょうか？」

相手「上の3段？　うーん…、そうね、まあ、特別に上の3段だけ、1か月間ね」

実は、最初の「全段借りたい」という要求は、本命の「上の3段だけ借りたい」という要求を大きく膨らませた「ダミーの要求」です。

絶対に“通したい要求”を相手に呑ませるワザ

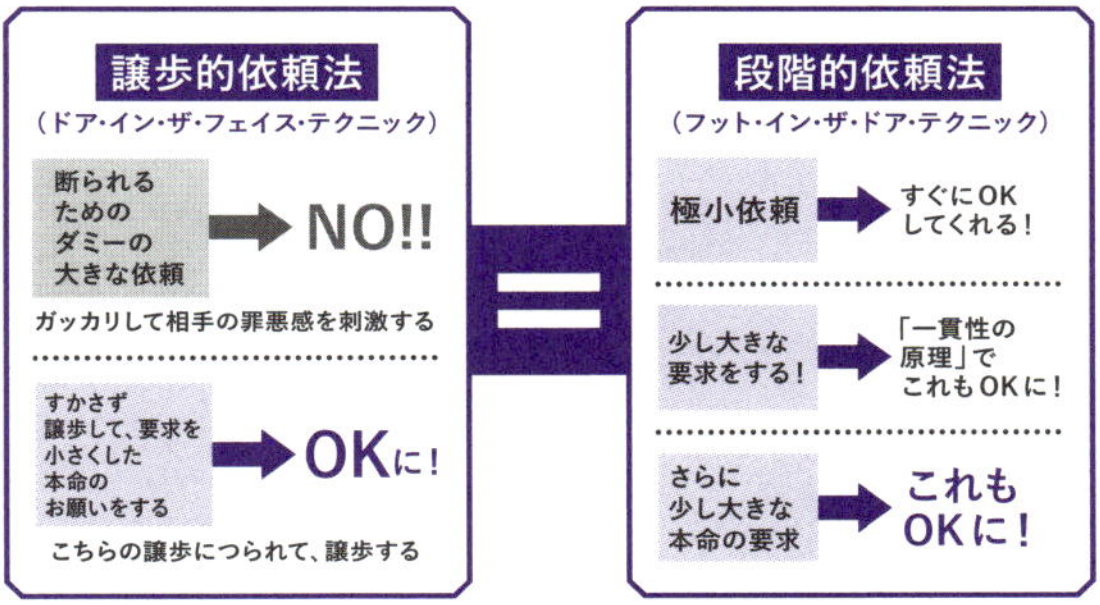

いずれにしろ、最初の要求が“アンカー（船の錨）”となって心理フレームを形成する

最初の「ダミーの要求」がアンカー（船の錨《いかり》）の役割を果たし、そこからの思考スタートとなるからです。最初の「ダミーの要求」が断られたことで、こちらはガックリして見せ、相手にちょっぴり罪悪感を植えつけます。

そのあと、こちらがすぐに**要求水準を下げると譲歩した形になるため、相手も譲歩してOKしてくれます**。相手に「返報性の原理」をはたらかせたわけです。

こちらの譲歩で、相手の譲歩を誘う形なので「譲歩的依頼法」と呼ばれます。

07

逆上させずに従わせる方法

〜不当行為をやめさせる「意向打診」〜

上から目線は怪我の元

自分の家の門前に、誰か知らない人のクルマが横付けされ、ずっと停まっていたら不快になります。家人の出入りを妨害されているような気がするからです。

街中で、ゴミをポイ捨てする人や、禁煙ゾーンで平気でタバコを吸う人を見たら不快になります。守るべきルールを守らない人がいるのは不公平だからです。

腹の立つ相手には、注意してやらなければ——と正義感が疼《うず》きますが、危険な行為でもあります。相手が、世の中への不平不満をつねに抱えたストレス人間だと、逆ギレされます。そこで口論になったのでは、わが身の安全にも関わります。

頭に来たから——、ムカついたから——といって、いたずらに注意しては、一大ピンチにも見舞われかねないのが現代社会なのです。

人は、自分が不当な行為をしていても、他人から注意されると反発心が生じます。注意は「上から目線」の言葉だからです。

相手の「意向」を伺う

こんな場面では、「意向打診」の質問が有効です。

「あのう、ここはうちの家の前ですが、クルマはどのぐらい停められますか?」

「あのう、ゴミ箱はあちらにありますけど。よろしければお使いになりません?」

「あのう、タバコは、どのくらい吸われますか?」

こう伝えれば、少なくとも逆ギレ防止になり、何らかの配慮も期待できます。

責めずに「相談」をもちかける

不当行為を行っている人には、「相談をもちかける」というのも有効な方法です。

これは、自分の側に害が及んでいる時に使うとよいでしょう。

家の門前のクルマの停車などでは**「すみません。ここは私の家なんですが、こちらのクルマ、何とかなりませんでしょうか?」**

これも、相手の不当行為そのものをけっして責めてはいない――言い方です。

不当行為そのものを黙認しながら、相手の意向を伺う――という点では、「相談をもちかける」話法も、「意向打診」の質問と同じなのです。

困っている事情を伝える

「いま困っている状況」を伝えると、たちまち要求が通るという場面もあります。

どんな相手も従わせるワザ

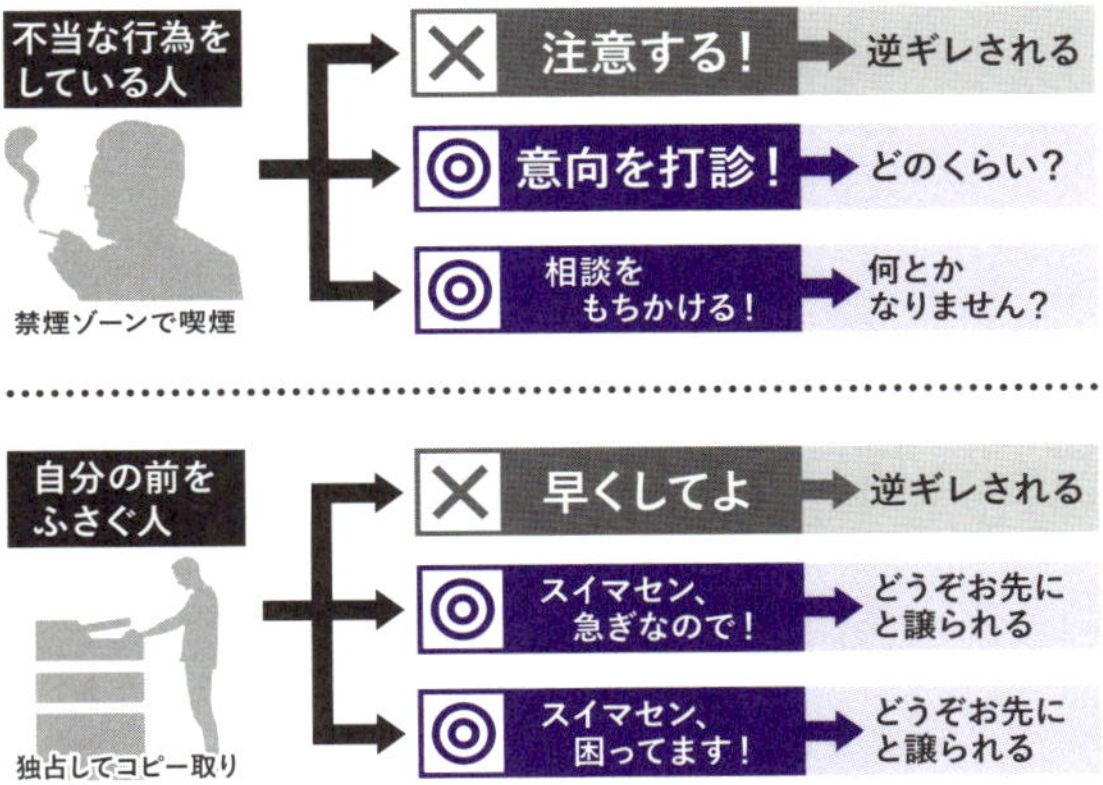

人通りの多い商店街などで、急ぎ足で一人歩いている時、目の前で幅を取り連れ立って歩く人は、壁のように立ちはだかって迷惑な存在です。

道を開けてもらうべく、こちらが無言で体を割り込ませたり、「どいてどいて」などと邪険に追い立てると、これまた逆ギレされかねないでしょう。こんな時には、「すみません、急いでるもので」と伝えるだけで、すぐにも道が開けます。

困っている人は助けるべき――という暗黙知が刷り込まれているからです。

08

相手の怒りを中和する

～「心のフレーム」を変えさせる～

「隠蔽」「謝罪の遅れ」は怒りを倍加させる

自分のミスや失敗で、誰かに迷惑を生じさせた場合、ミスや失敗そのものを隠《いん》蔽《ぺい》したい気持ちになります。できれば、相手に気づかないようにしたい――という衝動です。しかし、隠蔽工作があとからバレたら大変なことになります。

ミスや失敗をしたことに加え、ウソをつくことになり、罪が重くなるわけです。

自分の不注意で注文入力を忘れ、期日までに工場に部品が届かなかった――。

大事な契約書類を電車の中に置き忘れ、遺失物保管所からも出てこない――。

こんな時には、潔く非を認めて謝罪するよりないでしょう。

謝罪の遅れが、さらなる先方の怒りを買うことにもなるからです。

日常とのギャップを演出する

謝罪時に、**相手の怒りを鎮静化させる効果が高いのは、黒いスーツに白いワイシャツ、地味なネクタイです。**間違っても、派手な色彩の服装は禁物です。

また、頭を丸刈りにする、いきなり土下座する――なども、日常との「ギャップ効果」が生じるので、「そこまで反省したか」という印象強化につながります。

十分な謝罪のあと、「先週、泥棒に入られて、少しボーッとしてまして」などと身近な「不幸の事例」をさり気なく漏らすのも、怒りの鎮静化に役立ちます。

「先月、クルマに轢かれ…」「妻が大病になり…」――などと聞くと、何だか気の毒になり、すでに十分ペナルティを受けているような錯覚も生じるからです。

時間差で告白すると怒る気力が半減する

上司に、ミスや失敗を報告する時、時間差で告げるとよい場合があります。

自分「部長、申し訳ありません。わたくし、とんでもないご迷惑をおかけする事態を招いてしまいました。のちほど詳細についてご報告いたしますので」

上司「えっ？　何をやらかしたっていうんだ。いますぐ言いなさい！」

自分「申し訳ございません。今はちょっと申し上げられません。のちほど……」

悲壮な覚悟の表情で上司に告げたなら、すばやく上司の前から離れることです。

上司の頭には、むくむくと怒りと不安が込み上げます。

ミスや失敗の内容も告げられずに逃げられたため、どうすることもできません。

こうして、上司の頭には、「とんでもないご迷惑をおかけする事態」という言葉だけが独り歩きしはじめ、不安と恐怖はますます大きくなるのです。そして、数

迷惑をかけた“相手の怒り”を中和させるワザ

1 ギャップ効果

「丸坊主にして詫びる」「土下座をして詫びる」「上司とともに詫びる」…など、日常とのギャップを大きくして詫びることで、相手の怒りの鎮静化を図る。

2 ペナルティ錯誤効果

「きのう泥棒に入られ…」「交通事故に遭い…」「女房に逃げられて…」…など、自身の不幸・不運な出来事を伝えると、相手は気の毒に思い、すでに罰を受けたと錯覚し、怒りも中和する。

3 時間差報告効果

「大失敗」「大損失」といった出来事だけ報告し、内容はあとから伝えて謝罪する。相手は勝手に不安を極大化させるため、失敗の内容を聞いた時には失敗が矮小化して見え、拍子抜けして怒りも中和する。

十分後にあらためて報告します。

自分「部長、申し訳ありません。実は本日、A社でプレゼンを行う予定だったのですが、失念して先方に大迷惑をおかけしました。先ほどから、ずっと謝罪を続け、もう一度チャンスをいただけることになりまして…」

こう告げられた上司は、**想定していた事態よりもはるかに被害が小さいため、拍子抜けしてしまいます。拍子抜けすると、人は怒る気力も半減する**のです。

profile

神岡真司（かみおか・しんじ）

ビジネス心理研究家。日本心理パワー研究所主宰。

最新の心理学理論をベースに、法人対象のモチベーションセミナー、コミュニケーショントレーニング、人事開発コンサルティングなどを手掛ける。

主な著書に、『悩み0《ゼロ》 心理学の新しい解決法』（ワニブックス）、『頭にくるひと言への切り返し戦術』（ぱる出版）、『思い通りに人をあやつる101の心理テクニック』『あなたの「影響力」が武器となる101の心理テクニック』『面白いほど雑談が弾む101の会話テクニック』（フォレスト出版）、『相手を自在に操るブラック心理術』『必ず黙らせる「クレーム」切り返し術』『頭のいい人が使うモノの言い方・話し方』（日本文芸社）、『賢く人を操れる「ブラック」会話術』（三笠書房）、『99％の人が動く！「伝え方」で困らない心理テクニック』（大和書房）、『クレーム・パワハラ・理不尽な要求を必ず黙らせる切り返し話術55の鉄則』（TAC出版）、『「見た目」で心を透視する107の技術』（青春出版社）、『だから、「断ること」を覚えなさい！』（PHP研究所）などがある。
◆メールアドレス：kamiokashinzi0225@yahoo.co.jp

staff
◆装丁：小口翔平（tobufune）
◆本文デザイン＋DTP：斎藤　充（クロロス）
◆校正：玄冬書林
◆編集：内田克弥（ワニブックス）

ヤバすぎる心理術

著者
神岡真司

2016年8月20日　初版発行

発行者
横内正昭

編集人
青柳有紀

発行所
株式会社ワニブックス
〒150-8482　東京都渋谷区恵比寿4-4-9 えびす大黒ビル
電話／03-5449-2711（代表）　03-5449-2716（編集部）

ワニブックスHP
http://www.wani.co.jp/

WANI BOOKOUT
http://www.wanibookout.com/

印刷所
株式会社美松堂

製本所
ナショナル製本

ISBN 978-4-8470-9483-5